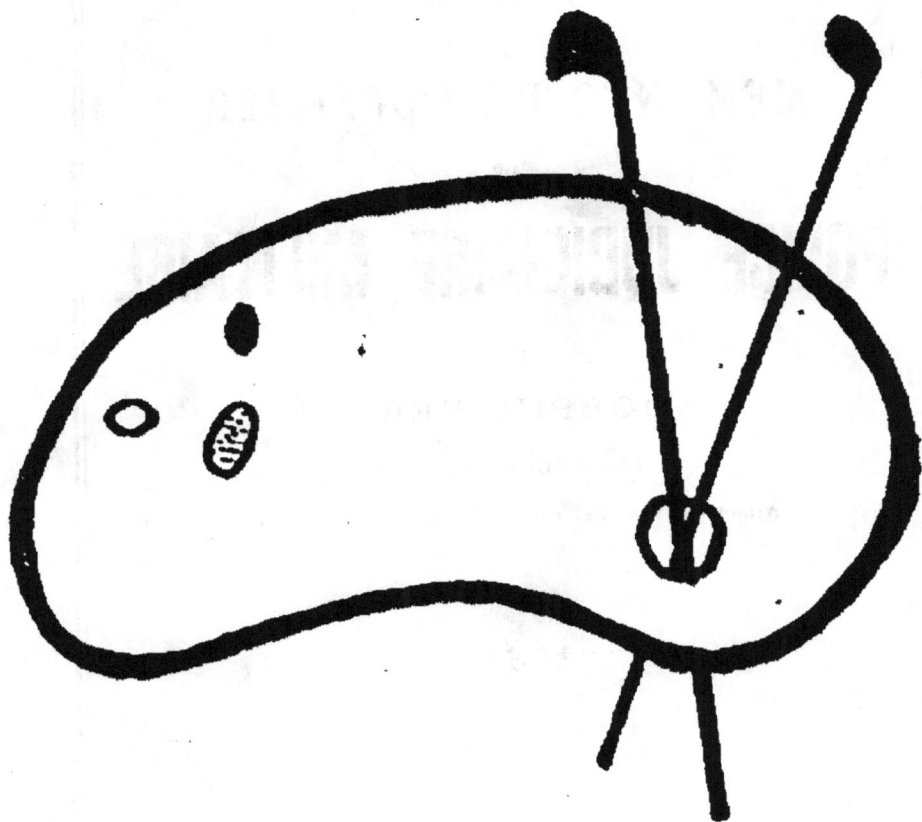

DEBUT D'UNE SERIE DE DOCUMENTS
EN COULEUR

JUSTICE MILITAIRE

MEMENTO DE L'OFFICIER

DE

POLICE JUDICIAIRE MILITAIRE

PAR

ADOLPHE BERGÉ

ARCHIVISTE D'ETAT-MAJOR

Attaché à l'Etat-Major de la 57ᵉ Brigade d'Infanterie

NICE
A. DELBECCHI
LIBRAIRIE MILITAIRE
5, Rue du Pont-Neuf, 5

PARIS
L. BAUDOIN & Cⁱᵉ
LIBRAIRIE MILITAIRE
Passage Dauphine

1894

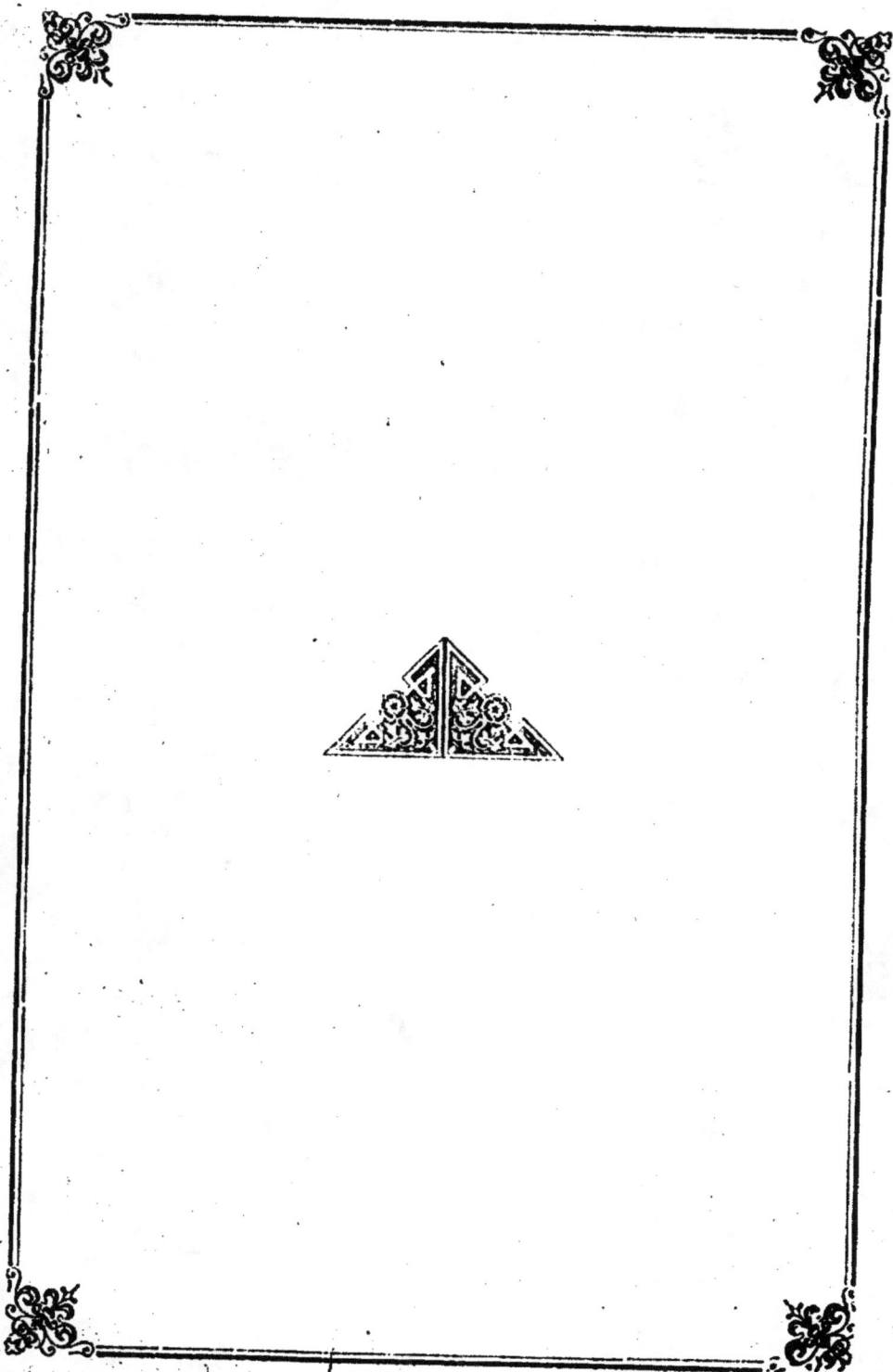

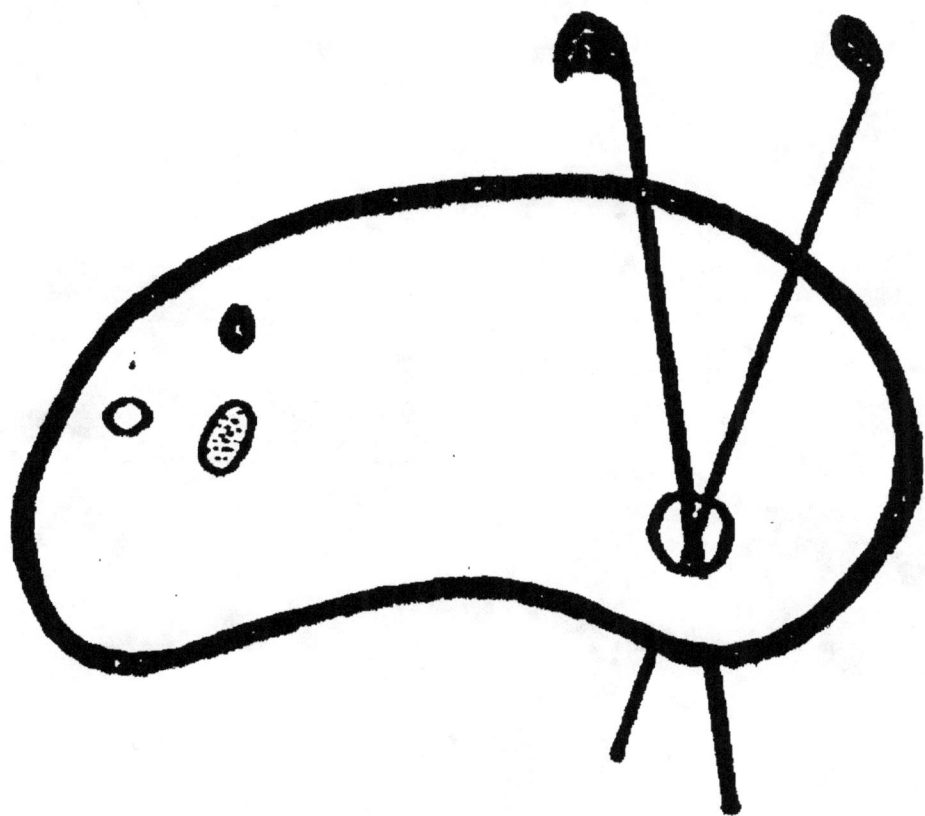

FIN D'UNE SERIE DE DOCUMENTS
EN COULEUR

JUSTICE MILITAIRE

——:o:——

MEMENTO DE L'OFFICIER

DE

POLICE JUDICIAIRE MILITAIRE

PAR

ADOLPHE BERGÉ

ARCHIVISTE D'ÉTAT-MAJOR

Attaché à l'État-Major de la 57ᵉ Brigade d'Infanterie

NICE
A. DELBECCHI, Papeterie Militaire
5, Rue du Pont-Neuf, 5

PARIS
L. BAUDOIN & Cie
2, Rue Christine, 2

1894
—

Tous droits réservés

AVANT-PROPOS

Nous n'avons aucune prétention en présentant ce modeste **Memento** et nous ne lui attribuons d'autres mérites que celui de l'exactitude dans le fond.

Notre pensée a eu pour but de faire un travail d'utilité, que l'on puisse facilement consulter dans toutes les circonstances, présentant en quelques pages le détail absolu et exact des devoirs de l'officier de police judiciaire militaire, ainsi que toutes les formalités qu'il doit remplir dans l'accomplissement de sa mission.

Tel était le but, voici l'œuvre.

Nous sommes entrés dans les plus petits détails, nous avons présenté les textes des lois, et, dans les cas difficiles, douteux ou mal définis, nous les avons commentés succinctement et aussi clairement que possible. Souvent, aussi, nous nous sommes appuyés sur l'autorité de commentateurs plus autorisés que nous.

Ad. BERGÉ.

Nice, avril 1894.

ABRÉVIATIONS

Art.	*Article*
Code de J. M.	*Code de Justice militaire*
C. P.	*Code Pénal*
C. I. C.	*Code d'Instruction criminelle.*
Cᵉ M.	*Circulaire ministérielle*
I. M.	*Instruction ministérielle*
Déc.	*Décret*
Regᵗ	*Règlement*
V.	*Voyez*
J. du C. de R.	*Jugement du Conseil de révision*
Arr. Cass.	*Arrêt de la Cour de Cassation*

GÉNÉRALITÉS

---

1. — La **Justice** est la vertu morale dont la préoccupation constante est de discerner ce qui est de ce qui doit être, le bien du mal, le juste de l'injuste.

2. — Quelles sont les origines de la Justice ? — Nul ne le sait, mais dans tous les peuples, partout, à toutes les époques, nous la voyons se manifester. Elle plane sur l'histoire de l'humanité, sa genèse est la sienne et comme elle, son essence est divine. La Jurisprudence, le Droit et la Loi en sont l'application humaine.

3. — Le **Droit** est l'ensemble des principes de justice gravés dans le cœur de l'homme et qu'il soumet à ses lois.

La **Jurisprudence** est la science qui les applique, les coordonne et fait respecter le droit par la loi.

4. — Le Droit est **commun** ou **exceptionnel**.

Le droit commun est applicable à tous les citoyens ;

Le droit exceptionnel varie suivant un but particulier, en raison des besoins des sociétés et des personnes auxquelles il s'applique.

5. — Telle est l'origine du **Droit militaire.**

Il est exceptionnel, parce qu'il ne s'applique qu'à une catégorie de personnes et qu'il a été créé en vue de soumettre à une juridiction spéciale les gens de guerre.

6. — Pour faire bien comprendre la nécessité de cette juridiction spéciale, nous empruntons à la plume autorisée de M. Victor Foucher, les passages suivants :

« Les armées ne peuvent répondre au but de leur institution, « qu'à la condition de ne dépendre que d'une seule volonté, de « n'obéir qu'à un seul commandement, et de n'être soumises qu'à « une loi unique embrassant tous les degrés de la hiérarchie depuis « le soldat jusqu'au général en chef.

« De là, la nécessité d'une loi judiciaire spéciale en rapport avec
« tous les besoins, toutes les exigences de la vie militaire.

. . . .

« C'est qu'à l'administration de la justice, à la vérité et à
« l'autorité de la Loi se relient toutes les règles qui forment l'en-
« semble des devoirs militaires ; c'est que dans la répression certaine,
« rapide, calme, modérée, mais ferme, de la moindre infraction se
« trouve engagée la question d'obéissance, c'est-à-dire la discipline,
« c'est-à-dire la force toute entière des armées »

7. — Les crimes, les délits sont des violations, graves à des
degrés différents, des lois naturelles ou sociales.

Les lois punissent, au nom des principes qu'elles défendent,
toutes les infractions à ces principes.

PAR QUELS ACTES L'AUTORITÉ EST SAISIE DES CRIMES OU DÉLITS.

---

8. — La connaissance d'un crime ou d'un délit peut être donnée de trois manières à l'autorité chargée de la répression :

Par dénonciation, par plainte, par la rumeur publique.

La **dénonciation** est l'acte par lequel une personne révèle à la justice l'existence d'une infraction dont elle a été témoin ou qu'elle a appris par tout autre moyen.

La **plainte** est l'acte par lequel une personne défère à la justice une infraction qui lui a causé du préjudice.

La **rumeur publique** est l'ensemble des accusations ayant cours contre une personne, et qui, indirectement, parviennent à la connaissance de l'autorité judiciaire.

9. — Dans l'armée, de juridiction toute exceptionnelle, nous venons de le voir, une infraction aux lois existantes est une atteinte directe à l'esprit de discipline qui en est la base, et doit être réprimée directement. Le chef a donc le droit et le devoir d'intervenir.

Dans le cas de crime ou de délit (1), la répression étant hors des pouvoirs du chef, puisqu'elle doit résulter d'un jugement, il rend compte et demande la comparution de l'inculpé devant un Conseil de guerre.

Les formes de la correspondance militaire étant les mêmes dans tous les cas où il y a compte-rendu, c'est cette forme que la pratique a empruntée pour faire connaître à l'autorité militaire qu'un crime ou un délit a été commis.

---

(1) Ainsi que dans certains cas de contravention (Voir § 71)

10. — Telle est l'origine du *Rapport du commandant de la compagnie (1)*.

Il procède des trois genres que nous venons d'énumérer. C'est la plainte, en ce sens qu'un membre de ce faisceau : l'armée, peut être lésé par l'infraction signalée ; c'est le compte-rendu officiel, puisque le chef est tenu de dénoncer le crime ou le délit portant atteinte à l'ordre établi ; c'est enfin la clameur publique quand il n'y a eu ni plainte, ni dénonciation directe.

Ce rapport constitue donc un ensemble de faits qui en font la première pièce et la base de la procédure, puisque la police judiciaire, nous le verrons plus loin, comprend tous actes ayant pour objet de constater les crimes ou délits. C'est le point de départ de l'instruction, il ne saurait être négligé.

11. — Le chef de corps (2) a-t-il le droit d'empêcher l'effet d'un rapport portant plainte en Conseil de guerre ?

Évidemment non, le texte même de l'art. 86 du Code de J. M. lui crée l'obligation de recevoir les plaintes et les dénonciations qui lui sont adressées et de réunir tous les éléments qui constituent l'infraction signalée.

D'autre part, l'art. 97 dispose que les actes et procès-verbaux dressés par les officiers de police judiciaire sont transmis sans délai avec les pièces et documents au général commandant la circonscription.

Enfin, ce faisant, il empiéterait sur les pouvoirs judiciaires du général commandant le corps d'armée qui, seul maître de l'action publique dans toute l'étendue de son commandement, peut seul déclarer qu'il n'y a pas lieu d'informer.

_____

(1) De l'escadron, de la batterie, du dépôt, du détachement suivant le cas.

(2) Dans le texte nous nous sommes servis presque toujours du terme général : chef de corps ; mais il faut entendre par là : chefs de corps ou de détachement et chefs de service ayant la qualité d'officier de police judiciaire et désignés en l'article 85 du Code de Justice militaire.

RAPPORT DU COMMANDANT DE LA COMPAGNIE

12. — Un crime, un délit a été commis entraînant la comparution de son auteur devant un Conseil de guerre.

Dès que le commandant de la compagnie en a connaissance, il se livre sur-le-champ à une enquête préliminaire et établit un **Rapport** sur l'ensemble des faits.

Dans ce Rapport, il doit énoncer clairement le fait reproché, l'époque, l'endroit où il a été perpétré et les circonstances à sa connaissance qui l'ont précédé ou suivi, si elles peuvent aider à l'instruction qui va suivre.

En outre, et ceci est la partie essentielle de ce document, il doit faire connaître d'une manière aussi précise que possible, aussi impartiale qu'elle puisse l'être, la conduite antérieure de l'homme, sa moralité et sa manière de servir depuis qu'il est sous les drapeaux.

En un mot, le capitaine doit présenter la **valeur morale** de l'inculpé.

L'importance du rapport du commandant de la compagnie, à ce point de vue, ne peut échapper à personne. Qu'on feuillette pièce à pièce un dossier de plainte en Conseil de guerre, nulle part ces renseignements, cependant de première nécessité, ne sauraient trouver place.

Ce n'est pas le relevé des punitions, copie, exacte sans doute, de manquements plus ou moins graves aux règles de la discipline militaire, qui peut les donner.

Tel honnête garçon d'une nature jeune, vive, ardente, aura une page de punitions pour manquements aux services, avoir découché, voire même pour réponses, et n'en demeurera pas moins malgré cela parfaitement honnête ! Tel autre, au contraire, sournois, en-dessous, de moralité médiocre, mais sachant se cacher jusqu'au jour où il est pris au piège, présentera page blanche et sera pourtant un piètre individu.

Il faut cependant que l'autorité supérieure soit exactement renseignée et ait en mains tous les éléments d'appréciation nécessaires pour juger ou non s'il y a lieu à information (1).

Il faut que les juges puissent se rendre compte pour l'impartialité de leur sentence, de la valeur morale du militaire qui parait devant eux, et c'est ce document seul qui la leur donne.

Un exemple : Deux militaires comparaissent devant un Conseil de guerre ; leur cas est le même ; ils ont avoué les faits reprochés.

L'un, brave garçon, jusque-là sans tâche, a cédé à un moment d'égarement, de folie ;

L'autre, de mauvaise moralité, a déjà été l'objet d'une plainte en Conseil de guerre, mais a bénéficié d'une ordonnance de non-lieu.

Les faits étant acquis, la peine à appliquer varie de 1 an à 5 ans. Evidemment, dans leurs sentences, les juges tiendront compte au premier de ses bons antécédents, au second de sa mauvaise conduite invétérée.

Mais qui est mieux placé que personne et par son grade et son autorité, pour affirmer et se rendre garant des antécédents de l'un et de l'autre ?

C'est leur chef direct, le commandant de la compagnie.

Le défenseur s'appuiera sur ses appréciations pour demander la bienveillance du Conseil, le Commissaire du Gouvernement pour réclamer l'application sévère de la loi.

Nous croyons avoir suffisamment mis en lumière l'importance qui s'attache à cette partie du rapport, nous n'insisterons pas davantage.

Il doit se terminer en demandant la comparution de l'inculpé devant un Conseil de guerre, par l'énumération des témoins et des pièces jointes au dossier.

13. — Nous donnons ci-après un modèle de rapport qui peut être employé dans tous les cas ; **il doit être écrit de la main du signataire.**

---

(1) Dans certains cas peu graves de délits militaires, ou lorsque l'information au corps laisse subsister quelques doutes sur l'inculpation, les antécédents de l'homme peuvent être d'un grand intérêt pour l'autorité supérieure, pour lui permettre, soit de donner l'ordre d'informer ou laisser à l'action disciplinaire la répression du délit.

*Corps d'armée
* Division
* Brigade
* Régiment d'infanterie
—
OBJET :
Au sujet des faits reprochés
au soldat
Paul (Louis-Edmond)

Paris, le   *189*

RAPPORT

du capitaine X.... commandant la 1re compagnie du 3e bataillon du   * régiment d'infanterie, tendant à la comparution du soldat PAUL (Louis-Edmond) devant un Conseil de
guerre pour vol d'effets appartenant à un militaire, crime
prévu par l'art. 248 du Code de Justice militaire.

Le (1)

(1) Enoncer la date et faire l'exposé des faits en se conformant aux
principes que nous venons d'indiquer plus haut (V n° 12).

Clore ensuite le rapport par la formule suivante :

En conséquence des faits relatés dans le présent rapport,
nous avons l'honneur de demander que le soldat PAUL soit
traduit devant un Conseil de guerre pour vol d'effets militaires appartenant à un militaire, crime prévu et puni par
l'art. 248 du Code de Justice militaire.

Les témoins du crime sont :

PIERRE (Louis), caporal à la 1re compagnie du 3e bataill-
lon du   * régiment d'infanterie à Paris ;

LOUIS (Pierre), soldat à la même compagnie.

Nous joignons au présent rapport :

1. Etat signalétique et des services de l'inculpé 2
2. Relevé des punitions.................... 2
                                        —
        Total . ... 4 pièces.

SIGNATURE.

Observation. — Dans les détachements formés d'une seule
compagnie ou d'une force moindre, le chef de détachement, bien
que chargé de procéder à l'information préalable, doit aussi établir
un rapport qu'il joint à la plainte et adresser semblable rapport à
son chef de corps.

Cette obligation découle des prescriptions de la C. M. du 0 juin
1870 (Voir annexe 0).

Mais, comme le rapport original doit être joint à la plainte,
c'est une copie que le commandant du détachement adresse au chef
de corps à titre de compte-rendu.

POLICE JUDICIAIRE MILITAIRE

14. — Ce rapport étant établi, le commandant de la compagnie le transmet par la voie hiérarchique au chef de corps ou de détachement. Celui-ci doit procéder immédiatement à l'information préalable.

En effet, l'art. 83 du Code de J. M. nous dit : « La police judiciaire « militaire recherche les crimes ou délits (1), en rassemble les « preuves et en livre les auteurs à l'autorité chargée d'en poursui- « vre la répression devant les tribunaux militaires. ».

Art. 84. — « La police judiciaire militaire est exercée sous « l'autorité du général commandant la circonscription ; 1° par les « adjudants de place ; 2° par les officiers, sous-officiers et comman- « dants de brigade de gendarmerie ; par les chefs de poste ; par les « gardes de l'artillerie et du génie (2) ; par les rapporteurs près les « Conseils de guerre, en cas de flagrant délit. »

Art. 85. — « Les commandants ou majors de place, les chefs « de corps, de dépôt ou de détachement, les chefs de service d'artil- « lerie ou du génie, les membres de l'intendance militaire peuvent « faire personnellement ou requérir les officiers de police judiciaire, « chacun en ce qui le concerne, de faire tous les actes nécessaires à « l'effet de constater les crimes et les délits et d'en livrer les auteurs « aux tribunaux chargés de les punir.

« Les chefs de corps peuvent déléguer les pouvoirs qui leur sont « donnés par le précédent paragraphe à l'un des officiers sous leurs « ordres. »

Il reste dans l'esprit une certaine confusion après la lecture des art. 84 et 85 que nous venons de citer. On se demande où commencent les pouvoirs des commandants de place, des chefs de corps, etc. et quelle est la limite de leurs attributions judiciaires.

---

(1) Les contraventions qui, dans la juridiction ordinaire, sont du ressort du Tribunal de simple police, sont laissées à l'action disciplinaire et réprimées directement aux différents échelons de la hiérarchie. (Voir ci-après § 71 et 72).

(2) Les gardes du génie portent actuellement le titre d'adjoints du génie.

Lors de la rédaction du projet primitif du Code de Justice militaire la question de concurrence était réglée par l'art. 114 ainsi conçu :

— Lorsqu'il y aura concurrence entre plusieurs officiers de police judiciaire désignés en l'art. précédent, la préférence appartiendra au plus élevé en grade et à grade égal au plus ancien de grade, sauf les exceptions ci-après :

La préférence appartiendra :

1° Aux commandants et majors de place pour tous les crimes et délits commis dans la place, sauf néanmoins les crimes ou délits d'administration ou de comptabilité militaires, pour lesquels les membres de l'intendance militaire auront la préférence sur les commandants et majors de place ;

2° Aux membres du corps de l'intendance militaire pour les crimes ou délits d'administration ou de comptabilité militaires ;

3° Aux officiers et gardes de l'artillerie et du génie pour les dégradations qui seraient commises dans les fortifications ou bâtiments militaires, magasins ou autres établissements placés sous leur surveillance.

Dans les autres cas que ceux qui sont spécifiés dans les divers numéros du présent article, la préférence appartiendra toujours, à égalité de grade, aux officiers, sous-officiers et commandants de brigade de gendarmerie. —

Dans sa séance du 20 mars 1856, la Commission ministérielle supprima cet article, sans cependant en désapprouver le principe ; voici du reste comment fut motivée cette suppression :

« Après un long examen, la Commission décide que cet article « qui ne s'applique qu'à la concurrence entre les officiers de police « judiciaire, doit être supprimé du Code, *comme étant seulement du* « *domaine du règlement et de l'instruction.* »

Dans son commentaire 415, Foucher ajoute :

— La prescription du projet primitif conserve donc toute sa force, et doit aujourd'hui servir de règle pour l'application que chaque autorité appelée à concourir à l'action de la police judiciaire aura à faire de son intervention. Or, si en principe le grade détermine le droit, il appartient à celui qui est revêtu du grade le plus élevé de prendre pour guide de sa décision les distinctions établies par l'article 114 du premier projet. —

De tout ce qui précède, il résule que les distinctions à faire sont les suivantes :

I. — Pour les crimes ou délits commis dans une place, par des militaires isolés, non en subsistance dans un corps de troupe, ou pour les infractions commises de complicité par des militaires de différents corps, l'information appartient au commandant d'armes ;

II. — Pour les crimes ou délits commis dans les établissements par des militaires *qui y sont attachés d'une manière temporaire ou permanente*, aux chefs de ces établissements ou au chef de service dont ils dépendent. — Exemple : délit commis dans les fortifications, au directeur du génie ; dans une manutention, au fonctionnaire de l'intendance ; dans un arsenal, au directeur d'artillerie, etc.

III. — Pour les hommes des corps de troupe, et en dehors des cas spéciaux ci-dessus, par leur chef de corps ou de détachement.

Les mêmes règles doivent être appliquées, quand il y a lieu, conformément à l'art. 85 du Code de J. M, de requérir pour faire tout ou partie d'une information, des officiers de police judiciaire militaire. Ainsi, pour constater une dégradation commise dans un arsenal, un garde d'artillerie sera requis ; si c'est dans un terrain ou local d'un service du génie, c'est un adjoint du génie qui devra l'être, etc. En un mot, on doit observer le principe posé par l'art. 85, et requérir les officiers de police judiciaire *chacun en ce qui le concerne*.

15. — Ceci posé, voyons les corps de troupe.

Dans les informations préalables trois cas peuvent se présenter : ou le régiment est rassemblé, ou la compagnie fait partie d'un détachement, ou enfin le commandant de la compagnie est chef de détachement (1).

Dans le premier cas, le Rapport est transmis, accompagné des pièces à l'appui, au colonel commandant le régiment. Cet officier

(1) Tout ce qui va suivre concernant les devoirs du commandant de compagnie chef de détachement s'applique également à tous les chefs de détachements quels que soient leurs grades.

supérieur procède sur-le-champ à l'instruction ou délègue ses pouvoirs à un officier sous ses ordres du grade de capitaine, s'il s'agit d'un sous-officier, caporal ou soldat ; au lieutenant-colonel ou à défaut à un officier supérieur s'il s'agit d'un officier (1).

Si le commandant de la compagnie fait partie d'un détachement dont il n'est pas le chef, le Rapport est transmis au commandant de ce détachement qui procède *personnellement* à l'instruction à suivre ; il ne peut déléguer ses pouvoirs.

Enfin, le commandant de la compagnie chef de détachement opère lui-même à ce titre ainsi qu'il est dit dans le paragraphe précédent.

16. — Le chef de corps ou de détachement étant saisi, le rôle de l'officier de police judiciaire commence.

Avant de détailler les diverses phases de son action, il convient de définir ses devoirs et ses attributions.

Nous les trouvons dans l'art. 83 du Code de J. M. que nous venons de citer (§ 14) et dans la C. M. du 23 juin 1875, ainsi conçue :

« Cette plainte devra être l'objet, au préalable, sur les lieux, de « toutes les constatations que peuvent faire, d'après la loi, les offi- « ciers de police judiciaire, et, par suite, *tous les procès-verbaux ou* « *autres pièces, de nature à servir à la manifestation de la vérité* « *devront être transmis à l'autorité militaire chargée de sta-* « *tuer.* » (2)

17. — Ces prescriptions très nettes et très sages ont deux buts :

Le premier est de permettre à l'autorité supérieure (général commandant le corps d'armée), de pouvoir donner en toute connaissance de cause l'ordre d'informer ou de déclarer qu'il n'y a pas lieu à information.

Le second, d'abréger la durée de la prison préventive dans le cas où l'ordre d'informer est donné, puisqu'aux termes de l'art. 104 du Code de J. M., le rapporteur peut se dispenser d'entendre ou de faire entendre les témoins qui auront déjà régulièrement déposé devant un officier de police judiciaire.

---

(1) Dans certains corps ou établissements spéciaux (compagnie de discipline, ateliers de travaux publics, pénitentiers militaires), l'officier commandant, bien que capitaine, est autorisé à déléguer ses pouvoirs d'officier de police judiciaire à l'un des officiers sous ses ordres (*L. M. du 26 sept. 1887*).

(2) Général commandant le corps d'armée ou ministre suivant le cas.

Ainsi que le fait remarquer M. Foucher dans ses commentaires, bien que l'art. 104 ne parle que des déclarations des témoins, cette faculté s'étend, dans la pratique, à tous les actes de police judiciaire régulièrement faits par un officier de police judiciaire, et ce n'est que dans le cas où un point de l'instruction préalable lui paraît obscur ou insuffisamment présenté que le rapporteur doit user du droit d'entendre de nouveau un témoin ou recommencer une opération déjà faite.

Ce mode d'opérer est, du reste, explicitement recommandé dans les instructions sur les inspections générales. Celles du 24 mars 1893 disent :

« Il (l'inspecteur général) s'assure que les enquêtes préliminaires faites dans les corps de troupe ont permis au rapporteur de n'appeler que les témoins indispensables, tout en se conformant au principe impératif du débat oral, et que les instructions contenues à ce sujet dans la Cre du 23 juin 1875 ont été observées. »

18. — Si le chef de corps ne peut procéder personnellement à l'information, il délègue, comme nous l'avons déjà dit, un des officiers sous ses ordres. A cet effet, il lui remet une délégation ainsi libellée :

DÉLÉGATION

* Corps d'armée
* Division
* Brigade
* Régiment d'Infanterie

Nous .... colonel commandant le   * régiment d'infanterie ;

Vu le rapport de M. M...... capitaine commandant la * compagnie du * bataillon, concernant le nommé (nom, prénoms, grade) inculpé de (indiquer le crime ou le délit).

En vertu des pouvoirs qui nous sont conférés par l'art. 85 du Code de Justice Militaire

Déléguons M. ......, capitaine au régiment sous nos ordres pour procéder, comme officier de police judiciaire, à l'information à suivre contre le nommé ...... et l'invitons à nous transmettre tous actes et procès-verbaux dressés en vertu de la présente délégation, conformément à la loi.

M. ..... sera assisté dans ses opérations par le sieur (nom et grade du sous-officier) qui remplira auprès de lui les fonctions de greffier.

Donné à   le

19. — Le capitaine délégué et son greffier doivent être âgés de vingt-cinq ans au moins et être français ou naturalisés français.

Cette obligation découle naturellement de l'article 22 du Code de J. M., car il est évident que les prescriptions de cet article s'appliquent à toutes les fonctions judiciaires.

20. — Les instructions sur l'inspection de la Justice Militaire parues en 1883-84-85 recommandaient de s'assurer que les chefs de corps ne déléguaient pas pour procéder aux informations le capitaine auteur de la plainte.

Il nous semble qu'il y a là une anomalie,

En effet : Qu'est la plainte ? — L'appel à la Justice d'une personne lésée par un crime ou un délit.

Telle n'est pas la plainte du commandant de la compagnie ; intermédiaire entre ses hommes et le commandement, la plainte qu'il porte revêt bien plus le caractère d'un compte-rendu officiel que celui de la plainte proprement dite.

Un homme est volé, le voleur découvert. Quel est le plaignant ? Évidemment, c'est le volé..... Que fait le capitaine ? — Il transmet la plainte, parce qu'il est l'intermédiaire obligé.

Il n'a donc aucun intérêt particulier, personnel, à cette plainte et partant peut être délégué pour procéder à l'information.

Nous ferons remarquer, à l'appui de notre théorie, que ce même commandant de compagnie, s'il était en même temps chef de détachement, rédigerait son rapport comme commandant de la compagnie et procéderait, en vertu de l'art. 85 du Code de J. M., à l'instruction préliminaire.

Quel inconvénient en résulte-t-il ? — Nous ne le voyons pas.

Du reste, cette prescription n'a plus été reproduite depuis 1886 dans les Instructions précitées et nous en concluons qu'elle ne doit pas être d'une application rigoureuse, sans cependant cesser d'être observée, si le nombre d'officiers présents permet de désigner un capitaine autre que l'auteur de la plainte.

21. — Quelques commandants de détachements hésitent à faire le nécessaire lorsqu'une infraction est commise, soit pour ne pas se substituer à ce qu'ils considèrent comme relevant de l'action personnelle du chef de corps, soit par crainte d'une responsabilité morale toujours sérieuse quand il s'agit de poursuites judiciaires.

2

Enfin, il y a parfois incertitude sur le point de savoir quand l'état de détachement existe et certaines affaires sont instruites à la portion du corps où se trouve le colonel, parce que le détachement auquel appartient l'inculpé est à proximité de la résidence du chef de corps.

Il y a là une négligence coupable, car elle a pour résultat d'augmenter la durée de la prison préventive et d'être une cause de frais inutiles : transfert de l'inculpé, frais de déplacement de l'officier de police judiciaire, etc...

Cette manière d'opérer est du reste en contradiction flagrante avec les prescriptions de l'art. 85 du Code de J. M. qui dit sans aucune restriction : *chef de détachement*. Or, est chef de détachement, quiconque commande une troupe détachée de la portion principale à quelque titre que ce soit.

Du reste, il est à retenir que la pensée du législateur a eu pour objectif la réduction de la durée de la prison préventive ; c'est dans le même ordre d'idées que la loi du 18 mai 1875 a autorisé le chef de corps à déléguer ses pouvoirs d'officier de police judiciaire, lorsqu'il ne pouvait agir personnellement, et la Circulaire d'envoi de cette dernière loi prescrit que l'instruction préalable doit être faite sur les lieux. (Voir § 16).

Ceci nous semble concluant........

ACTION DES OFFICIERS DE POLICE JUDICIAIRE MILITAIRE

22. — « Les officiers de police judiciaire reçoivent en cette « qualité les dénonciations et les plaintes qui leur sont adressées. « *(Art. 85 du Code de J. M.)* »

Nous avons déjà dit ce qu'il fallait entendre par plainte et dénonciation, nous allons en parler au point de vue matériel de la contexture de ces actes.

23. — Les plaintes et les dénonciations peuvent être écrites ou verbales, elles peuvent même être faites par des fondés de procuration spéciale des plaignants ou dénonciateurs.

24. — La plainte doit être signée à chaque feuillet par le plaignant ou son fondé de pouvoirs, l'officier de police judiciaire et le greffier.

Dans le cas où l'officier de police judiciaire en est requis, il rédige lui-même la plainte et la clôt par sa signature ; le comparant et le greffier signent avec lui.

Si le plaignant ou son fondé de pouvoirs ne sait pas signer, il en est fait mention.

La procuration est toujours annexée à la plainte.

La loi n'a pas déterminé les formes de la plainte, cependant nous croyons utile de faire remarquer qu'elle doit énoncer clairement les faits qui la motivent, l'époque et l'endroit où ils ont été commis, nommer les auteurs et les complices, donner les noms des témoins et indiquer tous moyens qui peuvent être utiles à la manifestation de la vérité.

25. — Voici au surplus la formule qui se peut employer lorsque l'officier de police judiciaire est requis de rédiger la plainte :

* Corps d'armée
  * Division
  * Brigade
* Régiment d'infanterie

—

PLAINTE

L'an mil huit cent quatre-vingt-treize. le premier mai. à une heure du soir,

Nous ...., capitaine au * régiment d'infanterie, agissant comme officier de police judiciaire en vertu de la délégation de M. le colonel commandant le   • régiment et assisté du sieur ...., adjudant au même régiment, faisant fonctions de greffier, à qui nous avons fait prêter serment de bien et fidèlement remplir ses fonctions ;

Vu les art. 85 et 86 du Code de Justice Militaire ;

Avons reçu la plainte suivante émanant du sieur ...... *(nom, prénoms, profession et adresse)* lequel nous a requis pour la rédiger conformément à la loi.

Le ....

(Rédiger la plainte en se conformant aux principes indiqués plus haut § 24).

Lecture faite au plaignant de tout ce qui précède a déclaré sa plainte fidèlement transcrite et conforme à la vérité et il a signé avec nous et le greffier.

Ou bien

Et requis de signer a déclaré ne savoir, en foi de quoi nous avons clos le présent par notre signature et celle du greffier.

(Si le comparant agit en vertu d'une procuration spéciale, l'indiquer dans le procès-verbal).

L'Officier de police judiciaire.   Le Comparant.   Le Greffier

26. — Toutes les dispositions ci-dessus concernant les plaintes sont communes aux dénonciations.

CONSTATATION DU CORPS DU DÉLIT ET DE L'ÉTAT DES LIEUX
PIÈCES A CONVICTION. — PERQUISITIONS

27. — « Les officiers de police judiciaire rédigent les procès-
« verbaux nécessaires pour constater le corps du délit et l'état des
« lieux. (Art. 16 du Code de J. M.). »

En théorie, le corps du délit est l'ensemble des signes extérieurs
du fait qui en constituent la criminalité ; c'est ce qui doit être
démontré, mis en évidence pour prouver qu'il y a eu un crime ou
un délit. (1)

Dans le langage ordinaire on nomme corps du délit, l'objet
même sur lequel a eu lieu le fait criminel, par exemple, le cadavre
en cas de meurtre. La représentation de l'objet matériel du délit
n'est pas indispensable, pour la poursuite et la répression. C'est
dans ce sens que d'Aguesseau a dit : « Le corps du délit n'est autre
chose que le délit lui-même dont l'existence serait établie par l'attes-
tation de témoins dignes de foi, concordant entre eux, affirmant à la
Justice que le fait a été commis. » (2)

28. — Le récit des faits, l'exposé et l'enchaînement des circonstances qui ont suivi ou précédé l'infraction retenue par la prévention,
sont autant de facteurs précieux et indispensables pour la bonne
application de la Justice.

Dans presque tous les cas, le rapport du commandant de la
compagnie (3) remplace les procès-verbaux, dont parle l'art. 86 que
nous venons de citer. Cependant, si un doute subsistait, si l'officier
de police judiciaire croyait un supplément d'enquête nécessaire, il ne

(1) Jousse. Tome II, page 19.
(2) Pradier-Fodéré. — Commentaire du Code de J. M., page 151.
(3) Lorsqu'il s'agit d'une infraction commise dans un service dépendant du service
de semaine, le rapport de l'adjudant-major de semaine doit accompagner celui du
commandant de la compagnie.

devrait pas hésiter à consigner dans un procès-verbal tous les renseignements qu'il croirait indispensables ou simplement utiles, et qui ne figureraient pas dans le rapport dénonçant l'infraction.

29. — Toutefois, l'officier de police judiciaire doit éviter, dans la rédaction des procès-verbaux, toute appréciation personnelle au sujet de la culpabilité ou de la non-culpabilité du ou des prévenus.

Ce droit n'appartient, aux termes de l'art. 108 du Code de J. M., qu'au seul rapporteur près le Conseil de guerre.

Les procès-verbaux visés par l'art. 86 doivent présenter les renseignements recueillis, tels qu'ils l'ont été, et nous le répétons, sans aucune appréciation.

30. — Il y a lieu, en effet, de remarquer que les procès-verbaux, rapports, etc., établis par un officier de police judiciaire chargé d'une information préalable, et ceux établis par le rapporteur, ont la même force en justice, puisque tous deux sont chargés de par la loi, sinon au même titre, du moins dans le même but, de rechercher les crimes et délits, d'en rassembler les éléments qui les constituent, et d'en livrer les auteurs aux tribunaux chargés de la répression.

Dès lors, qu'une divergence d'appréciation vienne à se produire dans une même affaire entre l'officier de police judiciaire qui a instruit au corps et le rapporteur. — Qu'arrivera-t-il ? — Voilà deux documents d'égale valeur qui doivent porter les faits incriminés à la connaissance des juges (car ceux-ci connaissent de l'affaire pour la première fois) et les conclusions de ces deux documents sont différentes.

Le résultat de cette manière d'opérer apparait clairement ; le doute s'emparera de la conscience des juges, le défenseur se servira de ce cas pour demander l'acquittement de son client, et, dans le doute, le Conseil de guerre renverra indemne, peut-être un vrai coupable.

Ce qu'il importe d'éviter, lorsque faire se peut, ce sont les situations ambiguës, douteuses et ceci est surtout vrai en justice où le moindre doute entraîne l'acquittement.

31. — La rédaction des procès-verbaux nécessaires pour constater le corps du délit et l'état des lieux peut, suivant le cas, précéder ou suivre l'interrogatoire des témoins.

32. — Lorsqu'il s'agit de blessures ou de mort violente, l'offi-

cier de police judiciaire militaire, conformément à l'art. 44 du Code
d'Instruction criminelle, se fait assister d'un ou de deux médecins
qui lui remettent leur rapport sur l'état des blessures, sur les causes
de la mort ou sur l'état du cadavre. Dans le cas de blessures, le rapport
doit indiquer leur gravité et la durée présumée de l'incapacité de
travail qui en sera la conséquence.

Avant de procéder à leur examen, les médecins doivent prêter
serment entre les mains de l'officier de police judiciaire de faire leur
rapport et de donner leur avis en leur honneur et conscience. L'officier de police judiciaire constate dans son procès-verbal la prestation
de serment et joint à ce dernier le rapport après l'avoir visé.

Il est procédé de la même manière lorsqu'il y a lieu d'appeler
des experts qui, par leur art ou profession, sont capables d'apprécier
la nature du crime ou du délit.

Dans tous les cas, l'officier de police judiciaire fait remettre une
ordonnance du modèle ci-dessous :

* Corps d'armée
* Division d'infanterie
* Brigade d'infanterie
* Régiment d'infanterie
—

ORDONNANCE

Nous X...., capitaine au * régiment d'infanterie agissant comme officier de police judiciaire militaire, en vertu de
la délégation de M. le colonel commandant ledit régiment,

Vu les art. 85 et 86 du Code de Justice Militaire,

Vu la procédure instruite contre le nommé V..., sergent-
fourrier au * régiment d'infanterie, inculpé de faux en
écritures ;

Prions et requérons au besoin M. N...., expert écrivain,
de procéder, après avoir prêté serment entre nos mains, à
l'expertise des signatures qui figurent sur les deux registres
saisis, et de nous remettre ensuite son rapport.

NOTA. — L'original de
chaque ordonnance doit
être joint au dossier de
la procédure. (Voir § 112).

Fait à   le   189

SIGNATURE.

33. — La description de l'état des lieux où un crime a été commis peut toujours être utile à la découverte de la vérité. En conséquence le théâtre d'un crime ou d'un délit doit être soigneusement
étudié, aucun indice si minime, si peu important qu'il puisse paraître
aux yeux de l'officier de police judiciaire, ne doit être négligé.

La réunion de tous ces indices, de toutes ces constatations, forme un tout qui permet de contrôler les témoignages, et souvent de rétablir les différentes phases du crime.

Dans bien des cas, il y a lieu de joindre au procès-verbal de constatation de l'état des lieux un plan ou un croquis.

Dans ces opérations, l'officier de police judiciaire peut se faire assister, s'il le juge utile, soit par un dessinateur pour lever les plans ou faire les croquis, soit par un manouvrier, soit par un expert.

La réquisition à délivrer aux manouvriers doit indiquer le genre de travail qu'il y a lieu de faire.

33 bis. — A titre de renseignements, nous donnons ci-dessous un modèle de procès-verbal de constatation de l'état des lieux pour le cas de bris volontaire d'objets de casernement, délit qui se produit assez fréquemment :

Corps d'armée
Division
Brigade
Régiment
—

PROCÈS-VERBAL
De constatation de l'état des lieux

Cejourd'hui ... Mars mil huit cent quatre-vingt-quatorze,

Nous X...., capitaine au   • régiment d'infanterie agissant comme officier de police judiciaire par délégation de M. le colonel commandant le • régiment d'infanterie.

Vu les art. 85 et 86 du Code de Justice Militaire,

Vu la procédure ouverte contre le soldat .... inculpé de bris volontaire d'objets de casernement.

Nous nous sommes transportés à la caserne St-Augustin, assisté du sieur X... remplissant les fonctions de greffier et de M. Y...., officier de casernement, et avons constaté ce qui suit :

(Détailler les dégradations et s'il y a lieu, joindre un plan ou un croquis).

En foi de quoi, nous avons rédigé le présent procès-verbal que nous avons signé avec l'officier de casernement susnommé et le greffier.

Le Greffier   L'Officier de casernement   L'Officier de police judic.

34. — Si la nature du crime ou du délit est telle que la preuve puisse vraisemblablement être acquise par des papiers ou autres pièces et effets en la possession de l'inculpé, l'officier de police judiciaire se transporte de suite au domicile de cet inculpé, s'il en a un, pour y faire la recherche de ces objets et les saisir.

Toutes ces opérations doivent se faire en présence de l'inculpé, s'il a été arrêté, et s'il ne veut ou ne peut y assister, en présence d'un fondé de pouvoirs qu'il pourra nommer ; il en est fait mention au procès-verbal. (1) Les objets saisis lui sont présentés à l'effet de les reconnaître et de les parapher, s'il y a lieu ; en cas de refus, il en est fait également mention au procès-verbal.

35. — Il doit être donné lecture à l'inculpé de tout procès-verbal qui se rapporte à la constatation du corps du délit et de l'état des lieux, ainsi qu'aux perquisitions et aux saisies de pièces à conviction.

36. — Nous avons dit plus haut que dans presque tous les cas, le rapport du capitaine tenait lieu de procès-verbal de constatation du corps du délit. Nous allons expliquer notre pensée en prenant un exemple des plus ordinaires dans l'armée.

Dans une caserne quelconque, un vol vient d'être commis ; le caporal de chambrée a reçu la plainte et de suite, il en rend compte au sergent de semaine qui prévient le sergent-major et l'adjudant de compagnie.

Ces deux sous-officiers étant avisés, le sergent-major va en rendre compte au capitaine, parce que cet officier doit être informé immédiatement de tous les événements graves qui se produisent dans sa compagnie.

Le capitaine survient à son tour et est mis au courant de l'affaire par l'adjudant, qui a déjà commencé l'enquête.

Le voleur vient d'être découvert, l'effet volé a été trouvé dans son paquetage ; le commandant de la compagnie saisit cet effet en présence du voleur et de témoins, fait incarcérer le coupable et adresse un rapport circonstancié à son colonel.

En cette circonstance, qu'a fait cet officier ?

Nous allons le dire :

Il a constaté un flagrant délit, opéré une saisie de pièces à conviction, dressé procès-verbal du corps du délit et arrêté l'inculpé. (2)

Hâtons nous d'ajouter que ce commandant de compagnie n'a

---

(1) Voir le modèle de ce procès-verbal page 31 ci-après.

(2) Cette arrestation n'est que provisoire jusqu'à ce que l'ordre d'informer ait été donné ; elle devient alors définitive. (Voir § 85 ci-après).

pas instrumenté comme officier de police judiciaire, mais comme chef militaire.

Le chef est moralement responsable de ses subordonnés, c'est lui qui est chargé de faire respecter la loi, quelle qu'elle soit, et le respect de la loi étant inséparable de l'idée de discipline, toutes les fois qu'elle est violée, il faut que le chef intervienne.

C'est l'accomplissement pur et simple de ses droits et de ses devoirs professionnels.

Etant donné la valeur des actes du commandant de la compagnie, tous présentés dans un rapport, est-il nécessaire que l'officier de police judiciaire fasse à son tour les mêmes constatations ? — Evidemment, non.

Il est à remarquer que tous les faits présentés ont été vus par des témoins et qu'il peut en contrôler l'exactitude au cours des dépositions qu'il recevra.

On peut donc poser en principe que les procès-verbaux de constatation du corps du délit ne doivent être établis par l'officier de police judiciaire qu'autant qu'un fait nouveau se produit pendant l'information.

La pratique nous donne raison chaque jour.

✳

PERQUISITIONS DANS UN ÉTABLISSEMENT CIVIL OU MILITAIRE

37. — Dans le cas de flagrant délit, l'officier de police judi-claire qui informe, est autorisé à pénétrer sans aucune formalité préalable dans les établissements militaires ou civils. Son action ne doit, en effet, subir aucun retard qui permettrait de faire disparaitre les preuves et de soustraire le coupable à la Justice.

38. — Lorsque le flagrant délit (1) a cessé, l'officier de police judiciaire militaire appelé à constater dans un établissement civil un crime ou un délit de la compétence des tribunaux militaires, ou à y faire arrêter un de ses justiciables, adresse à l'autorité civile ou judiciaire compétente ses réquisitions tendant, soit à obtenir l'entrée de cet établissement, soit à assurer l'arrestation de l'inculpé.

L'autorité requise est tenue de déférer à ces réquisitions. Dans le cas de conflit elle doit s'assurer de la personne de l'inculpé.

39. — L'officier de police judiciaire militaire est accompagné dans ses recherches par le chef de l'établissement ou par un de ses agents, qui est tenu de signer le procès-verbal de perquisition ou d'arrestation. En cas de refus ou d'impossibilité de signer, il en est fait mention.

40. — Lorsqu'il s'agit d'un établissement maritime la réquisition est adressée à l'autorité maritime.

41. — Dans les mêmes circonstances, c'est-à-dire hors le cas de flagrant délit, et lorsque l'officier de police judiciaire a besoin de pénétrer dans un établissement militaire, il s'adresse à l'officier qui commande sur les lieux, et en cas de refus, il en réfère à l'officier supérieur au premier.

---

(1) Le délit qui se commet actuellement ou qui vient de se commettre est un flagrant délit. Seront aussi réputés comme flagrant délit, le cas où le prévenu est poursuivi par la clameur publique ou celui où le prévenu est trouvé saisi d'effets, armes, instruments ou papiers faisant présumer qu'il est auteur ou complice, pourvu que ce soit dans un temps voisin du délit. — Art. 41 du Code d'Instruction criminelle.

42. — Les réquisitions doivent être libellées dans le sens du modèle que nous donnons ci-après :

° Corps d'armée
° Division d'infanterie
° Brigade
° Régiment d'infanterie
—

RÉQUISITION
tendant à obtenir l'entrée de l'hospice de...

Nous X..., capitaine au ° régiment d'infanterie, agissant comme officier de police judiciaire militaire, en vertu de la délégation de M. le colonel commandant ledit régiment, et conformément aux articles 85 et 86 du Code de J. M. :

Vu la procédure instruite contre le soldat C... du ° régiment d'infanterie, de laquelle il résulte que le nommé V. ., infirmier à l'hospice de.. ...., parait être complice du soldat C..., et que la preuve de cette complicité pourrait être trouvée, soit sur V..., soit parmi les effets ou objets en sa possession ;

Vu les art. 89 et 92 du Code de Justice Militaire :

Requérons Monsieur le Préfet de.... d'avoir à nous permettre l'entrée dudit hospice et à inviter l'administrateur de cet établissement à nous assister dans nos perquisitions.

Fait à   le   189

SIGNATURE.

PERQUISITIONS DANS UNE MAISON PARTICULIÈRE

43. — « Les officiers de police judiciaire militaire ne peuvent
« s'introduire dans une maison particulière, si ce n'est avec l'assis-
« tance, soit du juge de paix, soit de son suppléant, soit du Maire,
« soit de son adjoint, soit du commissaire de police. » — (Art. 91 du
Code de J. M.).

44. — Ces prescriptions se passent de commentaires, cependant,
dans l'application, il y a lieu de tenir compte de celles qui font l'objet
de l'art. 1037 du Code de procédure civile, ainsi conçu :

« Aucune signification ni exécution ne pourra être faite depuis
« le premier octobre jusqu'au 31 mars, avant six heures du matin
« et après six heures du soir ; et depuis le premier avril jusqu'au 30
« septembre, avant quatre heures du matin et après neuf heures du
« soir, non plus que les jours de fête légale, si ce n'est en vertu de
« permission de juge dans le cas où il y aurait péril en la demeure. »

D'autre part, afin de pouvoir assurer l'action de la Justice,
principalement pour le cas d'arrestation d'un coupable, la force
armée... « pourra investir la maison et la garder à vue... » (Art.
131 de la Loi du 29 germinal, an VI). (1)

45. — L'officier de police judiciaire militaire requiert l'une des
autorités désignées en l'art. 91 ci-dessus, et *demeure responsable* de
la mesure de justice qu'il accomplit.

L'autorité requise ne peu refuser son assistance et doit signer le
procès-verbal dressé par l'officier de police judiciaire militaire : en
cas d'impossibilité ou de refus de signer, il en est fait mention.

Voici un modèle de réquisition à adresser :

---

(1) Quand il y a lieu de recourir à la force armée, l'officier de police judiciaire
requiert le chef de poste le plus voisin ou le commandant des troupes. (Voir le modèle
à employer page 30).

RÉQUISITION

Nous X... capitaine au   * régiment d'infanterie, agissant comme officier de police judiciaire militaire, en vertu de la délégation de M. le colonel   commandant ledit régiment, et conformément aux art. 85 et 86 du Code de Justice Militaire ;

Vu la procédure instruite contre le soldat C... du   * régiment d'infanterie, de laquelle il résulte que le sieur Z..., demeurant à Paris, 7, rue   paraît être complice par recel du soldat C... ;

Vu l'art. 91 du Code de Justice Militaire ;

Requérons M. Y... juge de paix à Paris, (X° arrondissement) d'avoir à nous assister dans les perquisitions que nous allons opérer au domicile du sieur Z..., ce jourd'hui à 1 h. de l'après-midi.

Fait à Paris, le   *189*

RÉQUISITION POUR DEMANDER MAIN-FORTE

RÉQUISITION

Nous X..., capitaine au 55° régiment d'infanterie, agissant comme officier de police judiciaire, en vertu de la délégation de M. le colonel commandant le régiment et conformément à l'art. 86 du Code de Justice Militaire.

Vu l'art. 25 du Code d'instruction criminelle,

Prions et requérons au besoin M. le chef de poste de..... *ou* M. le colonel commandant le ... régiment d'infanterie, *ou* M. le commandant d'armes de..... de mettre à notre disposition pour 10 heures du soir, à *(indiquer le lieu de réunion),* un détachement de 10 hommes, pour nous prêter main-forte dans une opération que nous allons exécuter cette nuit.

Fait à   *le*

PROCÈS-VERBAL
De saisie de pièces à conviction

L'an mil huit cent quatre-vingt-quatorze, le 1er février.

Nous ....., capitaine au • régiment d'infanterie. agissant comme officier de police judiciaire, par délégation de M. le colonel commandant le • régiment d'infanterie ;

Vu les articles 86 et 91 du Code de Justice militaire et 37 du Code d'instruction criminelle .

Vu la procédure instruite contre le soldat ..... du • régiment d'infanterie.

Nous étant transporté au domicile du sieur ...., rue de ...., et assisté de M. le commissaire de police du • arrondissement, suivant notre réquisition à lui adressée à la date de ce jour. avons opéré une perquisition au cours de laquelle nous avons saisi les objets ci-après indiqués :
(Donner la nomenclature des objets saisis et les décrire).

Et les ayant clos et cachetés (1) conformément à l'art. 38 du Code d'instruction criminelle, les avons joints à la procédure comme pièces à conviction. (2).

De tout ce qui précède, nous avons dressé le présent procès-verbal que nous avons signé avec le commissaire de police et le greffier.

Le Greffier. Le Commissaire de police. L'Officier de police jud.

47.— Aux armées, dans les communes ou **départements** en état de guerre ou de siège, dans les places assiégées ou investies, lorsqu'un officier de police judiciaire militaire doit pénétrer dans un établissement civil ou une maison particulière et qu'il ne se trouve sur les lieux aucune autorité civile pour l'autoriser ou l'assister, il passe outre et mention en est faite sur le procès-verbal (Art. 153 du Code de Justice Militaire).

---

(1) Si faire se peut.

(2) Le procès-verbal doit en outre mentionner la présence du prévenu, s'il a été arrêté ou de son fondé de pouvoirs s'il ne peut ou ne veut assister. Dans ce cas, les objets lui sont présentés à l'effet de les reconnaître et de les parafer, s'il y a lieu, et en cas de refus il en est fait mention. Art. 36 du Code d'instruction criminelle. — Voir ci-après annexe 8. — V. aussi § 36).

INTERROGATOIRE DE L'INCULPÉ

48. — Nous avons placé, avec intention, avant l'interrogatoire de l'inculpé, la constatation du délit. Il nous a semblé qu'il valait mieux parler tout d'abord des obligations matérielles de l'officier de police judiciaire militaire, avant d'en arriver à cette partie de l'information préalable. Cet exposé étant fait, la zône d'action qui lui appartient se développe et apparaît sous son vrai jour.

Cependant, si l'inculpé est arrêté au moment où il est saisi de l'affaire, son premier devoir est de l'interroger.

Cette manière d'opérer, conforme, d'ailleurs, aux dispositions du Code d'Instruction Criminelle, a deux buts :

Le premier est de faire connaître à l'inculpé dès son arrestation les faits qui lui sont reprochés.

Il faut admettre, à moins de flagrant délit, que tout inculpé est peut-être innocent ; dès lors, il y aurait inhumanité à lui laisser ignorer le crime ou le délit dont on l'accuse : S'il est innocent, il peut se défendre, indiquer un alibi et démontrer sa non-culpabilité ; s'il est coupable, la mise en présence des faits reprochés peut amener des réponses embarrassées, des demi-aveux, souvent des aveux immédiats. La tâche de la Justice est ainsi simplifiée ; non pas que ces aveux suffisent, car nul ne peut être condamné sur sa propre déclaration, mais il ne reste plus qu'à faire la preuve de cette culpabilité.

Le second but de cet interrogatoire fait au début de l'information est de donner un champ, une orientation à l'officier de police judiciaire.

49. — Du reste, ce premier interrogatoire peut être très sommaire, car l'inculpé peut être interrogé plusieurs fois au cours de l'information.

Ces divers interrogatoires sont inscrits au procès-verbal et il en est chaque fois donné lecture à l'inculpé qui doit les signer avec le greffier et l'officier de police judiciaire.

50. — Donc, après avoir reçu la plainte, l'officier de police judi-ciaire, assisté du greffier, lequel a prêté serment de bien et fidèle-ment remplir ses fonctions, fait comparaître l'inculpé.

Il lui fait déclarer ses nom, prénoms, âge, lieu de naissance, état, profession et domicile. Il l'interroge ensuite sur les circonstan-ces du délit.

Toutes les réponses de l'inculpé doivent être transcrites telles qu'il les fait, sans en rien omettre, sans y rien changer.

Si l'inculpé est interrogé aussitôt après son arrestation, il n'a pas eu le temps de se préparer un système de défense; il se trouble, s'embarrasse dans ses explications et, voyant l'inutilité de ses efforts finit par avouer.

Dans ce cas, le premier interrogatoire suffit.

Si, au contraire, il a eu du temps devant lui, ou s'il s'agit d'un individu pervers, intelligent, les difficultés augmentent. Celui-ci n'aura pas manqué d'imaginer une petite histoire très acceptable de tous points et qu'il débitera de l'air le plus naturel et le plus innocent du monde.

C'est surtout dans des cas semblables que l'utilité d'un second interrogatoire apparaît, si le premier n'a pas donné de résultats. L'officier de police judiciaire doit étudier avec soin les circonstances du délit, faire toutes les constatations, toutes les recherches qui peuvent aider à jeter la lumière sur les faits reprochés et ce n'est qu'après s'être entouré de renseignements qu'il pourra entreprendre un interrogatoire utile.

En présentant l'enchaînement des faits qu'il connait, en les enveloppant d'une dialectique serrée, précise, il peut conduire l'in-culpé, sinon à avouer, du moins à se troubler devant la précision des détails, et à varier dans ses dépositions.

L'interrogatoire doit être conduit avec sagesse, fermeté et saga-cité, et l'officier de police judiciaire doit répudier tous moyens déloyaux ou embûches dont auraient à souffrir et l'honneur et la majesté de la Justice.

51. — Il fait représenter au prévenu, le cas échéant, les objets saisis comme pièces à conviction et lui demande s'il les reconnaît.

51. — Le prévenu est interrogé hors de la présence des témoins, toutefois, l'officier de police judiciaire peut, s'il le croit utile, le

3

confronter avec l'un de ces témoins. Cette confrontation est constatée, sur le procès-verbal d'interrogatoire, comme il est indiqué ci-dessous, et après en avoir donné lecture à l'inculpé et au témoin, il les requiert de signer ; s'ils ne savent ou ne peuvent le faire, il en est fait mention.

CONFRONTATION

55.— A ce moment nous faisons introduire le sieur X... et après l'avoir mis en présence de l'inculpé, l'avons interpellé en ces termes :

D. — Reconnaissez-vous le militaire qui est devant vous ?

R. — .....

D. — Vous rappelez-vous son nom ?

R. — .....

D. — Dans quelles circonstances l'avez-vous connu ?

R. — .....

(Et toutes questions que l'officier de police judiciaire juge à propos de poser, tant au témoin qu'au prévenu).

. . . .

Lecture faite au témoin et à l'inculpé de la confrontation qui précède, ont déclaré qu'elle contenait vérité qu'ils y persistent et l'ont signée sur notre réquisition.

Le Témoin,   *L'inculpé,*

REPRISE DE L'INTERROGATOIRE

D. — .....

R. — .....

56. — L'interrogatoire terminé, l'officier de police judiciaire en fait donner lecture à l'inculpé, afin qu'il déclare si ses réponses sont bien et fidèlement transcrites, si elles contiennent vérité et s'il y persiste.

L'interrogatoire est signé par le prévenu et clos par la signature de l'officier de police judiciaire et du greffier.

Si l'inculpé ne sait ou ne veut signer, mention en est faite sur le procès-verbal.

57. — Il ne doit pas être donné lecture au prévenu des procès-verbaux d'information, car cette communication faite, avant l'ordre d'informer aurait pour conséquence d'entraver l'action du parquet militaire (N. Mlle du 24 septembre 1870). (1)

58. — Lorsqu'il y a plusieurs inculpés du même délit, chacun d'eux est interrogé séparément, sauf à les confronter, s'il y a lieu.

59. — Si l'accusé, les témoins ou l'un d'eux ne parle pas le même idiome, l'officier de police judiciaire se fait assister par un interprète âgé de 21 ans au moins, à peine de nullité (art. 332 du Code d'Instruction criminelle). Il lui fait, sous la même peine, prêter serment de traduire fidèlement les discours à transmettre entre ceux qui parlent des langages différents. Mention en est faite au procès-verbal que l'interprète signe ensuite.

Le greffier peut, après avoir prêté un nouveau serment, servir d'interprète ; mais un témoin ne peut jamais être désigné comme interprète, même après avoir été entendu.

Si l'intervention d'un traducteur est nécessaire, l'officier de police judiciaire procède ainsi qu'il vient d'être dit pour l'interprète.

ORDONNANCE
pour désigner un interprète ou un traducteur (2)

Nous X...., capitaine au • régiment d'infanterie, agissant comme officier de police judiciaire, en vertu de la délégation à nous donnée par M. le colonel commandant le • régiment d'infanterie, conformément aux articles 85 et 86 du Code de Justice Militaire,

Vu l'article 332 du Code d'instruction criminelle,

Vu la procédure instruite contre le soldat V...., du régiment d'infanterie inculpé de vol ;

(1) Cependant comme il importe, en campagne d'abréger le travail du rapporteur, l'officier de police judiciaire doit donner au prévenu, lecture des procès-verbaux d'information et le constater.
(2) Lorsqu'il y a lieu de nommer un interprète, le procès-verbal d'interrogatoire ou d'information en fait mention dans les termes suivants après la déclaration de l'identité.
« Le témoin ne sachant ni converser, ni écrire en français, nous avons nommé « d'office pour servir d'interprète (Nom, prénoms, âge, profession et résidence) con-« formément à l'art 332 du Code d'instruction criminelle, lequel a prêté serment entre « nos mains de traduire fidèlement les discours à transmettre entre nous et le témoin « qui a ensuite déposé ainsi qu'il suit par l'organe du dit interprète »
Ou : « Que nous avons interrogé en ces termes... » s'il s'agit de l'inculpé.

Prions et requérons au besoin M. Y... de nous assister pour recevoir la disposition du sieur N... qui ne parle ni ne comprend la langue française, après voir prêté serment entre nos mains de bien et fidèlement remplir sa mission.

A   le

L'Officier de police judiciaire.

60. — Il peut arriver que l'inculpé en fuite, soit arrêté et reconduit au corps pendant que l'instruction est encore ouverte. Dans ce cas, l'officier de police judiciaire lui fait donner lecture des procès-verbaux constatant les opérations qui auraient dû être faites en sa présence (perquisitions, saisie de pièces à conviction, etc...) Il interroge ensuite les personnes qui l'ont arrêté, afin de connaître les circonstances de cette arrestation ; il entend aussi celles qui ont saisi sur lui des pièces à conviction.

61. — Le modèle du procès-verbal d'interrogatoire au corps est donné par la formule n° 5 bis, annexé au Code de Justice Militaire (V. annexe 1). Voir en outre les prescriptions contenues au § 92 ci-après.

COMPLICES. CO-AUTEURS

62. — Les art. 62, 63 et 64 du Code pénal ordinaire indiquent les caractères que doit revêtir la complicité pour constituer un crime ou un délit.

Sont complices d'une infraction, ceux qui par dons, promesses, menaces, abus d'autorité ou de pouvoir, machinations ou artifices coupables, auront provoqué à cette action ou donné des instructions pour la commettre ;

Ceux qui ont procuré des armes, des instruments ou tout autre moyen ayant servi à l'action, sachant *qu'ils devaient y servir* ;

Ceux qui ont, *avec connaissance*, aidé ou assisté l'auteur ou les auteurs de l'action dans les faits qui l'auront préparée ou facilitée, ou dans ceux qui l'auront consommée ;

Enfin ceux qui, *connaissant* la conduite criminelle de malfaiteurs, leur fournissent habituellement logement, lieu de retraite ou de réunion.

63. — Ainsi, il ne suffit pas, pour qu'un individu soit convaincu de complicité, de prouver qu'il a fourni une arme ou donné asile à un malfaiteur, mais encore *qu'il savait*, que cette arme devait servir à perpétration d'une action criminelle ou délictueuse ; que l'homme qu'il dérobait aux recherches de la Justice était un malfaiteur.

64. — L'action d'avoir recélé tout ou partie de choses détournées ou enlevées ou obtenues à l'aide d'un crime ou d'un délit constitue également la complicité de ce crime ou de ce délit.

65. — Aux termes de la loi pénale ordinaire, à laquelle renvoie l'art. 202 du Code de J. M. les complices d'un crime ou d'un délit sont punis de la même peine que l'auteur de ce crime ou de ce délit, sauf toutefois lorsqu'une disposition de la loi en a décidé autrement en faisant de certains cas de complicité un fait séparé du fait principal. (1)

---

(1) Tels sont l'achat ou le recel d'effets militaires, la vente par un tiers des mêmes effets (art. 247 du Code de J. M.); la provocation à des complots contre la sûreté de l'État (art. 89 du Code pénal).

66. — Il n'est pas nécessaire que l'auteur d'un vol soit connu pour que le recéleur soit poursuivi et puni pour complicité de vol ; il suffit de pouvoir établir *qu'il connaissait* la provenance de l'objet recélé et *qu'il savait* qu'il avait été détourné ou obtenu à l'aide d'un crime ou d'un délit.

Il en est de même de la complicité par aide ou assistance ; l'absence de l'auteur principal, même s'il n'est pas connu, ne saurait empêcher des poursuites contre les complices connus, si le crime ou le délit en lui-même peut être établi par des preuves certaines.

67. — Une distinction importante est à faire entre les *co-auteurs* et les *complices*.

La complicité résulte de l'aide ou de l'assistance donné en vue de l'accomplissement d'une infraction, ou en vue d'en cacher et d'en faire disparaître les résultats ; enfin, pour soustraire un malfaiteur aux recherches de la Justice.

Au contraire, les *co-auteurs* participent directement à l'action et leur coopération pour être criminelle ou délictueuse au même degré, doit être directe et résider dans la *simultanéité d'action et l'assistance réciproque* dans la perpétration du crime ou du délit.

COMPÉTENCE DANS LES CAS DE COMPLICITÉ

68. — « Lorsque la poursuite d'un crime, d'un délit ou d'une
« contravention comprend des individus non justiciables des tribu-
« naux militaires et des militaires ou autres individus justiciables
« de ces tribunaux, tous les prévenus indistinctement sont traduits
« devant les tribunaux ordinaires, sauf les cas exceptés par l'art.
« suivant ou tout autre disposition de la Loi. » (Art. 76 du Code
de J. M.)

69. — Ce principe a pour but de consacrer l'unité de juridiction
dans le cas de complicité. Un seul fait ne peut être porté que devant
une juridiction et ne saurait être divisé en raison de la qualité des
prévenus.

Cependant si, au cours de l'instruction, le prévenu non justiciable des tribunaux militaires était mis hors de cause, la juridiction
ordinaire cesse d'être compétente et le justiciable du Conseil de
guerre doit paraitre devant ses juges naturels.

70. — L'art. 77 du Code de J. M. excepte de la compétence des
tribunaux ordinaires, les cas suivants :

Cas où tous les prévenus étant militaires, un ou plusieurs d'entre
eux ne sont pas justiciables momentanément des tribunaux militaires
(hommes en congé ou en permission) ; — les crimes ou délits commis
de complicité avec des étrangers ; — les infractions commises aux
armées en pays étrangers ; — enfin les infractions commises aux
armées, sur le territoire français, en présence de l'ennemi.

71. — Dans les cas de complicité entre des militaires et des individus justiciables des tribunaux maritimes, si le fait a été commis
sur un navire de l'Etat, dans l'enceinte d'un port ou dans un établissement maritime, la poursuite de ce crime ou délit appartient aux
tribunaux de la marine. Dans tous les autres cas, les tribunaux de
l'armée de terre sont compétents.

DES CRIMES, DES DÉLITS ET DES CONTRAVENTIONS

---

72. — L'infraction que les lois punissent de peines de police est une *contravention ;*

L'infraction que les lois punissent de peines correctionnelles est un *délit ;*

L'infraction que les lois punissent d'une peine afflictive ou infamante est un *crime.* (Code Pénal).

73. — La répression des contraventions de police commises par des militaires est laissée à l'action disciplinaire ; cependant, suivant la gravité des cas, l'autorité militaire peut déférer le jugement des contraventions de police aux Conseils de guerre. La peine à appliquer ne peut en aucun cas excéder deux mois de prison. (Art. 271 du Code de J. M.)

Il y a lieu cependant d'excepter de cette mesure les infractions aux lois sur la chasse, la pêche, les douanes, les contributions indirectes, les octrois, les forêts et la grande voirie qui ne sont jamais soumises à la juridiction des Conseils de guerre.

74. — Si la partie plaignante, le cas échéant, intente une action en dommages-intérêts, cette action est portée devant les tribunaux ordinaires et ne peut être jugée qu'après que le Conseil de guerre a statué sur l'action publique.

Si la répression a été laissée à l'action disciplinaire la partie plaignante peut-elle réclamer des dommages-intérêts ? — Le Code Militaire ne fait aucune distinction à cet égard et suspend seulement l'action civile, tant qu'il n'a pas été statué sur l'action publique (art. 54), mais, en l'absence d'un texte prohibitif, nous croyons que cette action peut être intentée.

75. — Les peines en matières de *crime*, sont :

La mort ; les travaux forcés à perpétuité ; la déportation dans une enceinte fortifiée ; la déportation simple ; les travaux forcés à temps ; la détention ; la réclusion ; le bannissement ; la dégradation militaire. (Art. 185 du Code de J. M.)

Les peines en matière de *délit*, sont :

La destitution ; les travaux publics ; l'emprisonnement et l'amende. (Art. 186 du Code de J. M.)

76. — Il est donc bien simple de se rendre compte si l'infraction commise est un crime ou un délit, et pour cela, il n'y a qu'à voir la peine la plus forte que la loi applique à cette infraction. (1)

---

(1) Pour la facilité des recherches, consulter la nomenclature alphabétique des crimes et délits militaires et des peines qui y sont attachées (Décision Ministérielle du 13 août 1857) J. M. O , tome 8, p. 362. — Cette nomenclature se trouve aussi dans le livret individuel de tout homme de troupe. (V. annexe n° 3).

DE LA TENTATIVE DE CRIME OU DE DÉLIT

75. — « Toute tentative de *crime*, dit l'art. 2 du Code Pénal, « qui aura été manifestée par un commencement d'exécution, si elle « n'a été suspendue ou si elle n'a manqué son effet que par des cir- « constances indépendantes de la volonté de son auteur, est considé- « rée comme le crime lui-même. »

76. — Quels sont les faits qui doivent constituer le commence- ment d'exécution ?

La loi ne les a pas définis Elle ne le pouvait pas et a laissé aux juges, dont la déclaration à cet égard est souveraine, le soin de les fixer.

Le voleur surpris la main dans la poche, est empêché de voler par l'agent qui l'arrête... Donc, il y a commencement d'exécution, car s'il n'a pu commettre le vol, c'est indépendamment de sa volonté.

Un autre est arrêté au moment où il vient d'entrer dans une chambre à l'aide de fausses clefs. — Y a-t-il tentative de vol ?... Non, car la volonté de voler n'est pas démontrée, il y a effraction. Mais s'il avait déjà ouvert un meuble, il y aurait tentative de vol ; s'il avait changé un objet de place, ce serait dans l'intention évidente de le prendre et il y aurait vol.

Autre exemple :

— Un soldat tire un coup de fusil sur son supérieur et le man- que, soit qu'un assistant relève l'arme, soit qu'il vise mal, soit que le coup rate (le tout indépendant de la volonté du tireur), il y a ten- tative de crime (1).

« **77.** — « Les tentatives de *délits* ne sont considérées comme « délits que dans les cas déterminés par une disposition spéciale de la loi. » (Art. 3 du Code Pénal.) (2)

Or, le Code de J. M. n'en prévoit d'une manière formelle que dans deux cas seulement : Corruption de fonctionnaires et fraudes en matière de recrutement. (Art. 261 et 260 du Code de J. M.)

---

(1) Nous avons extrait ce dernier exemple du *Manuel du Juge au Conseil de guerre*. — Ministère de la guerre.
(2) Les délits dont la tentative est punissable sont ceux prévus par les art. 142, 174, 189, 243, 245, 251, 279, 387, 388, 389, 400, 401, 402, 403, 404, 405, 414, 415 et 418 du C. P. ; 261 et 270 du C. de J. M.

DÉMENCE. — IVRESSE

« 78.— Il n'y a ni crime, ni délit, lorsque le prévenu était en état
« de démence au temps de l'action, ou lorsqu'il a été contraint par
« une force à laquelle il n'a pu résister. » (Art. 64 du Code Pénal).

79. — L'état de démence enlève tout caractère criminel ou délictueux à l'acte, mais ne doit pas arrêter pour cela l'action de la
police judiciaire.

Il n'appartient, qu'au général commandant le corps d'armée de
décider sur l'opportunité qu'il y a à poursuivre l'information, et au
Conseil de guerre à déclarer l'inculpé non-coupable, si l'affaire a été
portée devant lui.

Dans tous les cas, où l'état de démence sera invoqué, le prévenu
devra être soumis à un examen médical très sérieux et, s'il y a lieu,
placé en observation dans un hôpital. Les résultats de l'examen
seront joints aux pièces de la procédure.

80. — La contrainte par la force, la légitime défense de soi-même
ou d'autrui, l'ordre ou l'autorisation de la loi, sont autant de causes
de non-culpabilité. Mais, dans tous les cas, il n'appartient qu'au
Conseil de guerre de prononcer.

81. — « L'ivresse ne pourra, en aucun cas, être invoquée comme
« une circonstance atténuante. » (Service intérieur des corps de
troupe).

Cette prescription est le corollaire de la loi du 23 janvier 1873,
pour la répression de l'ivresse et il est bon que le soldat sache bien
qu'il ne peut en aucun cas, alléguer, l'état d'ivresse pour atténuer
sa faute.

ARRESTATION DES MILITAIRES

——————

82. — « Dans le cas de flagrant délit, tout officier de police
« judiciaire militaire ou ordinaire peut faire saisir les militaires
« ou les individus justiciables des tribunaux militaires, inculpés
« d'un crime ou d'un délit. Il les fait conduire immédiatement
« devant l'autorité militaire et dresse procès-verbal de l'arrestation,
« en y consignant leurs noms, qualités et signalement. » (Art. 87
du Code de J. M.)

« Hors le cas de flagrant délit, tout militaire ou tout individu
« justiciable des tribunaux militaires, en activité de service, inculpé
« d'un crime ou d'un délit, ne peut être arrêté qu'en vertu de l'ordre
« de ses supérieurs. » (Art. 88 du Code de J. M.)

83. — L'art. 88 a pour but de sauvegarder les règles de la hiérarchie militaire et de la discipline. C'est une mesure de principe ;
non pas que l'autorité militaire ait le droit de refuser une arrestation
lorsqu'elle est régulièrement requise de l'assurer ou de l'opérer,
mais afin d'établir qu'aucun militaire ne peut être enlevé à son service
sans un ordre de ses chefs.

84. — « Les réquisitions des magistrats civils tendant à obtenir
« l'entrée des établissements militaires, les mandats d'arrestation
« décernés par ces magistrats contre des hommes présents sous les
« drapeaux, et les citations à comparaître comme prévenus ou comme
« témoins devant les tribunaux ordinaires, données à leur requête
« aux mêmes militaires, doivent êtres adressées, soit au chef de
« l'établissement dont l'entrée est requise, soit au chef de corps ou
« de détachement auquel appartient le militaire visé par le mandat
« ou la citation. »

« Ceux-ci sont tenus de déférer à ces réquisitions et doivent en
« rendre compte à l'autorité supérieure de laquelle ils relèvent et au
« commandant d'armes. » (Circ. Ministérielle du 22 juin 1888).

85. — Lorsqu'un militaire est l'objet d'une plainte entraînant sa comparution devant un Conseil de guerre, il est mis en prison sur l'ordre de ses chefs. Cette incarcération n'est pas définitive, c'est une mesure provisoire, ordonnée en vertu du droit de punir que possède tout chef militaire ; elle a pour but de priver un inculpé de tous moyens de fuir et de le tenir à la disposition de la Justice. L'arrestation devient définitive lorsque le général commandant le corps d'armée ayant donné l'ordre d'informer, a décerné, contre l'inculpé, un ordre d'écrou.

86. — Dans le cas de poursuites pour contravention à la loi sur l'ivresse, et pour **tous** les cas de contraventions entraînant une amende, les contrevenants doivent être laissés libres.

À cet égard, une Circulaire Ministérielle du 22 mai 1878 s'exprime ainsi :

« Lorsqu'un militaire sera arrêté en état d'ivresse, soit qu'il y
« ait contravention ou délit, il devra être mis en liberté dès que cet
« état aura cessé, à moins que, en cas de simple contravention
« (1re ivresse) (1) l'autorité militaire ne réprime le fait sans désem-
« parer et par voie hiérarchique. Si la comparution devant un Conseil
« de guerre est jugée utile, ou si elle doit nécessairement avoir lieu,
« le rapporteur, tout en s'abstenant de décerner mandat, procédera
« en la forme ordinaire et de la même manière que si un mandat avait
« été délivré.

« Ces dispositions sont applicables à *tous les cas de contraven-*
« *tions* entraînant une amende. »

---

(1) Voir l'instruction pour l'application aux militaires de la loi du 23 janvier 1873, pour la répression de l'ivresse. (V. Annexe n° 8).

AUDITION DES TÉMOINS

87. — « ..... Ils (les officiers de police judiciaire) reçoivent les
« déclarations des personnes présentes ou qui auraient des renseigne-
« ments à donner. » (Art. 86 du Code de J. M.)

Ils peuvent également appeler et entendre quiconque est présumé
en état de donner des renseignements sur le fait. (Art. 33 du Code
d'instruction criminelle).

Les enfants au-dessous de l'âge de 15 ans peuvent être entendus,
à titre de renseignement, sans prestation de serment. (Code d'instruction criminelle, art. 79).

Les gendarmes auteurs de procès-verbaux doivent être entendus
à l'appui de leurs procès-verbaux. (Art. 499 du Règt du 1er mars 1854).

Cette dernière prescription nous semble devoir s'étendre à tous
les autres agents de la force publique : agents de police, gardes-
champêtres, agents des forêts, préposés des douanes, etc., dont les
procès-verbaux, comme ceux des gendarmes, ne font foi en justice
que jusqu'à preuve du contraire.

88. — L'officier de police judiciaire cite donc, en vertu des
prescriptions qui précèdent, les personnes qu'il croit en état de le
renseigner sur l'affaire.

89. — Quant il s'agit de témoins militaires, il s'adresse au chef
de corps ; s'il y a lieu d'interroger un témoin civil, il fait remettre la
cédule portant citation, par un agent de la force publique. (Voir plus
loin : *Citations de témoins. Cédules. Agents de la force publique*).

90. — Les témoins sont entendus séparément et hors de la présence du prévenu. L'officier de police judiciaire se fait assister par
son greffier.

Les témoins militaires doivent déposer sans armes ; ils se tiennent debout et découverts, à moins que l'officier de police judiciaire
ne permette qu'il en soit autrement. (Circulaire Ministérielle du 10
décembre 1862).

Avant d'être entendus, les témoins doivent représenter la cédule qui leur a été remise et mention en est faite au procès-verbal.

L'officier de police judiciaire leur fait prêter serment de parler sans haine et sans crainte, de dire toute la vérité et rien que la vérité. Les témoins levant la main droite répondent : « Je le jure. »

Il leur demande ensuite leurs noms, prénoms, âge, état, profession, demeure, s'ils sont domestiques, parents ou alliés des parties et à quel degré.

Il les invite ensuite à dire ce qu'ils savent de l'affaire.

L'officier de police judiciaire doit les laisser parler et les écouter attentivement. S'ils s'écartent de la question, il les y ramène d'un mot, mais sans brusquerie, sans chercher à les effrayer ou à les surprendre. Il aide et encourage les timides que l'appareil de justice effraie, mais sans les contraindre.

La déposition terminée, lecture en est faite au témoin pour qu'il ait à déclarer, s'il y persiste. Le procès-verbal d'information est ensuite clos par la signature de l'officier de police judiciaire, du témoin et du greffier. Si le témoin ne sait ou ne veut signer, il en est fait mention.

91. — Modèle de procès-verbal d'information au corps :

Corps d'armée   e RÉGIMENT D'INFANTERIE   Code de Justice Militaire
Division   Art. 85 et 86
Brigade

PROCÈS-VERBAL

D'information au Corps

L'an mil huit cent   le

à   heure

Devant nous, X..., capitaine au   • régiment d'infanterie, agissant en vertu des art. 85 et 86 du Code de Justice Militaire, et par délégation de M. le colonel N....commandant ledit régiment, comme officier de police judiciaire, assisté du sieur   faisant fonctions de greffier, à qui nous avons fait prêter serment de bien et fidèlement remplir les dites fonctions, dans la salle des rapports, à la caserne de

a comparu, en vertu de notre cédule du   , le témoin ci-après nommé, lequel, hors de la présence de l'inculpé et des autres témoins, après avoir représenté la citation à lui donnée, avoir prêté serment de dire toute la vérité, rien que la vérité, et interrogé par nous sur ses noms, prénoms, âge, état, profession et demeure, s'il est domestique, parent ou allié des parties, à quel degré,

A répondu se nommer

Et a déposé comme suit :

. . . .

Lecture faite au témoin de sa déposition, a déclaré ses réponses fidèlement transcrites, contenir vérité, qu'il y persiste et a signé avec nous et le greffier en approuvant   mots rayés nuls *(ou ajoutés, ou surchargés, ou mis en interligne).*

Le Greffier.   Le Témoin.   L'Officier de police judiciaire.

92. — Chaque page du procès-verbal est en outre signée par l'officier de police judiciaire et par son greffier.

TÉMOINS ABSENTS OU EMPÊCHÉS; QUI REFUSENT DE VENIR DÉPOSER

---

93. — Lorsqu'il sera constaté, par le certificat d'un officier de santé, qu'un témoin se trouve dans l'impossibilité de comparaitre sur la citation qui lui en aura été donnée, l'officier de police judiciaire pourra se transporter près de ce témoin, s'il demeure dans le canton.

94. — Si l'un des témoins appelés refuse de venir déposer, l'officier de police judiciaire se contente de rédiger un procès-verbal de ce refus et le joint au dossier, en ayant soin d'y indiquer le fait sur lequel le témoin devait déposer. Il joint à ce procès-verbal l'original de la signification de la cédule. (Mod. n° 2 ter annexé au Code de J. M.) Le droit de contrainte n'appartient, en effet, aux termes de l'art. 103 du Code de J. M., qu'au rapporteur près du Conseil de guerre, sur les conclusions du Commissaire du Gouvernement. (Voir ci-après n° 101).

PROCÈS-VERBAL

constatant la non-comparution d'un témoin

Cejourd'hui   mars mil huit cent quatre-vingt-quatorze,
Nous X..., capitaine au ° régiment d'infanterie, agissant comme officier de police judiciaire en vertu de la délégation à nous donnée par M. le colonel commandant le régiment et des articles 83 et 86 du Code de Justice Militaire,
Procédant à l'audition des témoins dans l'affaire du soldat   inculpé de vol au préjudice d'un habitant,
Avons constaté la non-comparution du sieur V... lequel n'est pas venu déposer, sans motifs valables ni légitimes à notre connaissance.
Le témoin absent avait été invité à comparaitre devant nous pour nous donner les renseignements qu'il peut posséder sur ladite affaire, par notre cédule en date du   .notifiée

4

à l'intéressé, parlant à sa personne, conformément à l'art. 102 du Code de Justice militaire et devait spécialement déposer sur les faits suivants que nous supposons être à sa connaissance *(détailler les faits sur lesquels le témoin était appelé à déposer)* (1)

En foi de quoi nous avons rédigé le présent procès-verbal auquel nous avons joint l'original de la signification.

Le Greffier.   *L'Officier de police judiciaire,*

95. — Si un témoin est détenu dans une prison ou en traitement dans un hôpital, l'officier de police judiciaire s'y transporte accompagné du greffier à l'effet de recevoir sa déposition.

Pour pénétrer dans l'établissement, il se conforme aux prescriptions contenues dans les paragraphes 38, 39, 40, 41 et 42 ci-dessus.

---

(1) Instruction Ministérielle du 18 avril 1890, article 37.

CITATION DES TÉMOINS, CÉDULES. AGENTS DE LA FORCE PUBLIQUE

96. — Les témoins sont cités à comparaître au moyen de cédules conformes aux modèles donnés par le Code de Justice Militaire — formules 2, 2 bis, 2 ter. — (Voir annexe 1).

97. — En principe, la gendarmerie doit faire sans frais toutes les assignations, citations et notifications, en vertu des art. 102 et 183 du Code de J. M. et 133 du Règlement du 1er mars 1854, modifié le 24 avril 1858.

Cependant, l'art. 183 précité, ajoute : « ..... ou tous autres agents de la force publique ». — Or, l'armée étant éminemment force publique, toutes les significations peuvent être faites régulièrement par un sous-officier, caporal ou soldat.

98. — Il doit y avoir un délai de 24 heures au moins entre la remise de la cédule d'assignation et la comparution du témoin.

99. — Les cédules concernant les hommes de troupe (1) peuvent être collectives quant ceux-ci appartiennent au même corps ou détachement. Elles sont notifiées au témoin lui-même à la caserne, puis remises à l'adjudant de semaine pour que compte en soit rendu au chef de corps ou de détachement. Si le témoin est absent, la cédule est signifiée à l'adjudant de semaine.

Celles concernant les officiers sont personnelles et doivent être notifiées à leur domicile.

Les cédules adressées aux témoins civils doivent toujours être individuelles, ces derniers pouvant réclamer la taxe. (Voir § 106 et suivants).

100. — Quant il y a lieu de convoquer un témoin civil, il doit être expressément recommandé à l'agent chargé de remettre la cédule d'accomplir sa mission au domicile du témoin, parlant à sa personne

---

(1) Lorsqu'il s'agit d'hommes d'un autre corps que celui auquel appartient l'officier de police judiciaire. Quant ils appartiennent au même corps, une simple note à l'adjudant de semaine suffit. Ce sous-officier dicte les noms aux compagnies en donnant le service journalier.

même, ou à défaut, à son conjoint, parent ou domestique. Il peut cependant, notifier la citation en un autre lieu qu'au domicile du témoin, mais seulement parlant à sa personne.

Le témoin cité, le parent ou le serviteur qui a reçu signification n'a pas à signer l'original de la cédule.

Enfin, si l'agent n'a pu trouver le témoin et si les parents ou serviteurs n'ont pas voulu recevoir la cédule, il doit la notifier au Maire ou à son adjoint. Dans ce cas, ce dernier doit signer l'original de la signification.

101. — Si le témoin ne se présente pas, l'officier de police judiciaire devra joindre au procès-verbal qu'il doit dresser (Voir § 94) l'original de la signification, constatant qu'il a été cité régulièment. Cette formalité étant remplie, le témoin défaillant pourra être contraint à venir déposer par les voies de droit. (Le rapporteur seul a le droit de contrainte).

Mais, si ce témoin n'a pas été régulièrement touché par la cédule d'assignation, aucune contrainte légale ne peut avoir lieu contre lui, par la raison bien simple qu'aucune assignation ne lui a été légalement notifiée.

COMMISSIONS ROGATOIRES

102. — Lorsque des témoins demeurent hors du lieu où se fait l'information, l'officier de police judiciaire peut requérir par Commission rogatoire, soit le rapporteur, soit le juge d'instruction, soit le juge de paix de leur habitation, de recevoir et lui transmettre les dépositions de ces témoins.

Il peut également adresser ses réquisitions à ces mêmes magistrats, lorsqu'il faut procéder, hors du lieu de l'information, à tout autre acte de l'instruction (perquisitions, saisies de pièces à conviction, etc. (Art. 102 du Code de J. M.)

103. — L'art. 102 du Code de J. M., ainsi du reste que l'art. 83 du Code d'instruction criminelle, désignent seulement les rapporteurs, les juges d'instruction et les juges de paix comme pouvant recevoir et exécuter une Commission rogatoire.

M. Foucher (Commentaires du Code de J. M.) pense à cet égard que le texte de l'art. 102 paraît avoir un caractère démonstratif quant aux magistrats ou officiers de police judiciaire à qui ces Commissions peuvent être adressées, et qu'il peut être délégué, soit pour recevoir une déclaration, soit pour faire tout autre acte de l'instruction, un officier de police judiciaire quelconque : Commissaire de police, commandant de brigade de gendarmerie, etc.

C'est du reste ce que la Jurisprudence ordinaire a admis pour l'exécution des prescriptions analogues du Code d'instruction criminelle.

D'un autre côté, l'art. 133 du Règlement du 1er mars 1854, modifié le 24 avril 1858 (Service de la gendarmerie) est ainsi conçu :

« Les officiers rapporteurs près des Conseils de guerre pourront
« décerner des Commissions rogatoires aux officiers, sous-officiers et
« commandants de brigade de gendarmerie à l'effet d'entendre des
« témoins, de recueillir des renseignements et d'accomplir tous les
« actes inhérents à leur qualité d'officier de police judiciaire, conformément aux dispositions de l'art. 84 du Code de J. M. »

Ceci complète l'art. 102 et lui donne une extension plus grande. (1)

104. — L'officier de police judiciaire adresse, en même temps que la Commission rogatoire, des notes et instructions faisant connaître les faits sur lesquels les témoins doivent déposer ou sur ceux qu'il y aura lieu de constater.

Les procès-verbaux dressés en vertu des dispositions qui précèdent sont envoyés à l'officier de police judiciaire qui a décerné la Commission sous enveloppe fermée et cachetée ; ils doivent être accompagnés d'un inventaire. S'il y a eu des frais, l'inventaire doit les mentionner.

105. — Le modèle à employer pour la Commission rogatoire est la formule n° 7 donnée par le Code de J. M. (Voir annexe n° 1).

Il ne doit y avoir dans les dépositions aucune interligne. Les renvois, ratures et surcharges doivent être approuvées par l'officier de police judiciaire, le greffier et le témoin.

Nous sommes obligés de nous arrêter pour signaler une bizarrerie du Code d'instruction criminelle. L'art. 78, rendu applicable par l'art. 102 du Code de J. M., dit : « Aucune interligne ne pourra « être faite....... Les *interlignes*, ratures et renvois non approu- « vés, seront réputés non avenus. »

Nous croyons qu'il suffit, dans la pratique de traduire ainsi le « texte légal : « Aucune interligne ne pourra être faite, à moins « de l'approuver. »

Chaque renvoi doit être suivi de la mention : « Approuvé le « présent renvoi » au-dessous de laquelle sont placées les signatures.

Les ratures sont approuvées à la fin de la déposition et avant les signatures par ces mots : « ..... et en approuvant tant de mots « rayés nuls. » S'il existe des surcharges on ajoute : « et tant de « mots surchargés. » (Indiquer entre parenthèse les mots surchargés). Les mots rayés doivent être numérotés.

Ces règles sont applicables à la rédaction de tous les actes et procès-verbaux de l'instruction, elles ont pour but d'empêcher toute fausse interprétation.

---

(1) Certains officiers agissant comme de police judiciaire, ne croient pas devoir requérir le colonel commandant un régiment autre que le leur, ou un chef de détachement, à l'effet d'interroger un militaire sous leurs ordres témoins dans les affaires à l'information desquelles ces officiers de police judiciaire procèdent. C'est cependant très régulier, et le chef de corps recevant une Commission rogatoire pourra aussi déléguer ses pouvoirs à un officier sous ses ordres, en se conformant à l'art. 85 du Code de Justice Militaire. (La Commission rogatoire exécutée directement par un juge autre que celui délégué, ne constitue pas un excès de pouvoir. — Arrêt de la Cour de Cassation du 7 juillet 1853).

TAXES DES TÉMOINS. — FRAIS DE JUSTICE [1]

---

106. — Les officiers de police judiciaire militaire ne peuvent délivrer directement des mandats de paiement aux témoins, experts ou interprètes, etc. Il n'appartient qu'aux Présidents de Conseil de guerre ou aux rapporteurs de rendre exécutoire les taxes ou les vacations auxquelles ils peuvent avoir droit. (Art. 17 de l'Instruction Ministérielle du 24 janvier 1858).

107. — Cependant, les officiers, sous-officiers et commandants de brigade de gendarmerie agissant comme officier de police judiciaire militaire, en vertu d'une Commission rogatoire délivrée par les Commissaires du Gouvernement et les rapporteurs près les Conseils de guerre, ont à ce titre le pouvoir de délivrer des mandats de paiement sur les receveurs de l'enregistrement et des domaines, soit pour les taxes de témoins, vacations d'experts, etc. (2)

Ils doivent mentionner ces taxes lors du renvoi des Commissions rogatoires, afin que ces frais puissent figurer dans l'exécutoire des jugements de condamnation (Note Ministérielle du 7 mai 1863).

108. — Néanmoins, puisque les officiers de police judiciaire doivent appeler à leurs procès-verbaux toutes les personnes qu'ils croient en état de fournir des renseignements, qu'ils peuvent se faire assister par un interprète, requérir un expert, etc., la loi a donc admis qu'ils pouvaient engager certains frais, certaines dépenses.

Mais d'un autre côté n'ayant pas le titre d'ordonnateurs directs des frais de justice, ils doivent renseigner le rapporteur sur les sommes dues, afin de lui permettre de les rendre exécutoires et de délivrer aux intéressés des mandats de paiement.

109. — Lorsqu'un témoin civil réclame la taxe, l'officier de police judiciaire inscrit au verso de la cédule de citation la somme

---

(1) Décret du 13 novembre 1857 et Instruction Ministérielle du 24 janvier 1858.
(2) Voir ci-après page 58 le modèle du mandat à établir.

à laquelle il a droit. (Voir la formule n° 2 bis du Code de Justice Militaire. — Annexe n° 1). Le mandat doit indiquer l'état ou la profession du témoin et son domicile.

La taxe doit être appliquée en raison du nombre de journées de voyage et de séjour. (1) L'indemnité à allouer ne peut être moindre de 1 franc, ni excéder 2 fr. 50 pour chacune de ces journées. (Art. 14 du décret du 13 novembre 1857). Les journées de marche sont décomptées à raison de 24 kilomètres.

110. — Les témoins militaires ou assimilés aux militaires n'ont droit à aucune taxe quand ils se déplacent pour venir déposer. Dans ce cas, ils reçoivent les indemnités de route fixées par le décret du 12 juin 1867. (Édition de 1888).

111. — Si le témoin civil déclare renoncer à la taxe, l'officier de police judiciaire l'indiquera soit sur la cédule, soit en marge du procès-verbal d'information.

112.— Il y a lieu d'opérer d'une manière identique à l'égard des interprètes , experts ou médecins civils, dont le concours doit être payé, s'ils en font la demande ; dans le cas où ils renoncent aux sommes qui leur sont dues, l'officier de police judiciaire doit en faire mention sur le bordereau des frais. (Voir n° 115).

Les sommes à mandater sont inscrites au dos de la copie de l'ordonnance qui leur a été délivré, l'ordonnance elle-même devant faire partie de la procédure.

Les interprètes sont taxés à raison de 6 fr. par séance entière de jour et 9 fr. par séance entière de nuit, non compris le paiement de la traduction par écrit qu'ils peuvent être appelés à faire de pièces à conviction rédigées en langue étrangère ; le prix de ce travail est évalué à part, séparément et selon sa nature.

Les experts sont taxés à raison de 6 fr. par vacation.

Pareille somme est allouée aux médecins civils dont le ministère est requis.

113. — La formule à employer pour taxer un interprète, expert ou médecin est la même que celle indiquée pour les témoins. (Voir n° 109).

---

(1) Afin d'éviter des frais de justice, les témoins devront autant que possible être interrogés par Commission rogatoire. (Art. 22 de l'Instruction Ministérielle du 24 janvier 1858 — N. M. du 7 mai 1863).

114. — Enfin, les frais généraux que l'officier de police judiciaire pourrait avoir déboursés au cours de l'information, font l'objet d'un mémoire à part certifié exact par le signataire. Ce mémoire doit être rendu exécutoire par le rapporteur près du Conseil de guerre. (Décret du 18 juin 1811, art. 142).

115. — Les cédules portant mandat des sommes dues aux témoins pour frais de déplacement, les copies des ordonnances ayant donné lieu à des taxes, le mémoire des sommes déboursées par l'officier de police judiciaire, sont mis sous bordereau formant chemise et joints au dossier de plainte en Conseil de guerre.

Nous donnons ci-après le modèle de ces pièces :

MÉMOIRE ou BORDEREAU [1]

des frais de police judiciaire nécessités par l'instruction préliminaire (pour taxe de témoins, expert, interprète, etc.) dans l'affaire du nommé inculpé de

Honoraires de médecin......................	»	»
Taxe de témoins...........................	»	»
Taxe d'un expert.............c...........	»	»
Frais de voiture..........................	»	»
Port de pièces à conviction...............	»	»
TOTAL...........		

Certifié par nous X..., capitaine au   régiment d'infanterie, officier de police judiciaire, le présent Mémoire ou Bordereau montant à la somme de

SIGNATURE.

---

(1) L'officier de police judiciaire doit établir pour le paiement des frais, un Mémoire et un Bordereau. — Le Mémoire lui est renvoyé après avoir été rendu exécutoire. le Bordereau reste annexé au dossier de l'instruction préliminaire.

MANDAT de payement de la taxe d'un témoin à porter au dos de la cédule par les officiers, sous-officiers et commandants de brigade de gendarmerie agissant en vertu d'une Commission rogatoire. *(Exécution de la Circulaire Ministérielle du 7 mai 1863). (1)*

Monsieur le payeur particulier de la   division d'infanterie du   corps d'armée, ou

Monsieur le receveur de l'enregistrement des domaines de   est invité, au besoin requis, de payer, sur la présentation de ce mandat au sieur KUMMER (Henri), négociant à   , la somme de un franc, qui lui a été allouée sur sa demande, pour sa comparution en qualité de témoin dans l'affaire du nommé PETIT (Alfred), soldat au   de ligne, inculpé de coups et blessures.

Fait à

Le témoin sait signer	Le maréchal des logis de gendarmerie
Pour acquit	ordonnateur secondaire,
KUMMER.	BEL.

Taxe de un franc
Le greffier

LALTE.

Nota. — Dans l'exemple qui précède le témoin est taxé à raison de un franc par jour.

---

(1) Mention de ces taxes ou de vacations doit être faite lors du renvoi des Commissions rogatoires, afin que ces frais puissent figurer sur l'exécutoire des jugements de condamnation.

ÉTABLISSEMENT DE LA PLAINTE

116. — L'information terminée, l'officier de police judiciaire, s'il a agi comme délégué du chef de corps, remet à ce dernier tout le dossier de l'affaire. Si, au contraire, l'officier de police judiciaire a agi d'après ses propres pouvoirs (chef de corps, de dépôt ou de détachement, chef de service, etc.) il réunit le dossier et porte la *plainte*.

117. — Le droit de porter plainte a été dénié aux chefs de corps, on a prétendu que la plainte devrait être signée par le plaignant lui-même ou par le commandant de la compagnie qui le premier a dénoncé le fait.

Cette théorie n'est pas défendable un instant.

Nous avons défini plus haut § 9 et 10. ce qu'était la plainte du commandant de la compagnie. En l'espèce, cette définition peut s'appliquer à la plainte que le chef de corps ou de détachement adresse au général commandant le corps d'armée. Il ne faut pas oublier que bien qu'il ne soit pas *personnellement* lésé par l'infraction commise, le chef de corps, *chef* et *membre* d'une *collectivité* a le devoir et par conséquent le droit d'élever la voix pour défendre les membres de cette collectivité lésés par une infraction.

L'argument principal qui avait fait émettre la théorie contraire est celui-ci :

Par application de l'art. 24 du Code de J. M., le chef de corps ayant porté la plainte ne peut faire partie du Conseil de guerre appelé à statuer et en campagne il pourrait, de ce fait, résulter des difficultés dans la constitution des Conseils.

A cela nous répondrons qu'il vaut mieux soulever mille difficultés (et celles signalées seront faciles à vaincre) que faire passer une plainte par-dessus la tête du chef de corps, car ce serait la négation du principe de la discipline militaire.

Il est à remarquer en effet que pour soustraire le chef de corps à l'incompatibilité formulée par l'art. 24 précité, il faudrait que cet officier supérieur *n'ait en aucune façon connaissance officielle de l'affaire.* Ce qui serait inadmissible et n'a pas besoin d'être démontré.

Voilà pour la théorie.

118. — La pratique et la jurisprudence ministérielle, ont du reste fixé depuis longtemps le droit de porter plainte. La note ministérielle du 9 juin 1870 est ainsi conçue :

« Le droit de porter plainte appartient *en principe* au chef de « corps ; mais quand le corps vient à être fractionné par suite des « exigences du service, ce droit s'étend au chef de détachement où « sert le délinquant, puisqu'il est tenu aux termes de l'art. 85 du Code « de J. M., de faire tous les actes nécessaires à l'effet de constater la « faute commise ; qu'il est en outre le mieux à même de recueillir « tous les renseignements propres à faire apprécier la gravité de cette « faute et de rendre un compte exact et circonstancié de l'affaire.

« Ce droit est d'ailleurs implicitement établi par l'art. 95 du « Code de J. M. relatif à la désertion et qui est ainsi conçu :

« — ..... La plainte est adressée par le chef de corps ou de « détachement auquel le déserteur appartient. » —

En outre l'*Aide-Mémoire de l'officier d'état-major en campagne* (Ministère de la Guerre. — janvier 1891) dit à la page 381 :

« Quand le prévenu appartient à un corps de troupe, le chef de « corps ou de détachement rédige une plainte qu'il envoie par la voie « hiérarchique à l'autorité chargée de donner l'ordre d'informer ».

119. — La plainte fait connaître les noms, prénoms et grade de celui qui l'adresse ; les noms, prénoms, grade, état ou profession, lieu de naissance, état-civil, position au point de vue militaire et signalement de celui qui en est l'objet ; elle qualifie l'infraction (crime, délit ou contravention) dans les termes mêmes du Code, et requiert l'application de la loi, en vertu de l'article du Code militaire ou du Code pénal ordinaire qui punit cette infraction.

Le signataire de la plainte fait connaître ensuite les témoins qui peuvent être appelés à déposer, en indiquant leurs noms, prénoms, état, profession et domicile.

Enfin, il termine en donnant l'énumération des pièces qu'il joint à l'appui de sa plainte et en demandant au général commandant le corps d'armée récépissé de cet acte.

120. — Il existe deux modèles de plainte en Conseil de guerre,

l'un est employé pour tous les cas, sauf la désertion, l'autre seulement pour la désertion.

Nous donnons ci-après ces deux modèles :

* Corps d'armée
* Division
* Brigade
—
Code de Justice Militaire
TITRE . — ART.

RÉGIMENT D'INFANTERIE
—
PLAINTE

*A M. le Général commandant le * corps d'armée*

Le soussigné (1)
a l'honneur de vous représenter que le nommé
fils de   et de
domiciliés à   canton de   arrondissement
de   département de   né le
à   canton de   arrondissement de
département de   domicilié, avant son entrée au service
à   canton de   arrondissement de
département de   Taille de   mètre   millimètres
cheveux   sourcils   yeux   nez
bouche   menton   visage   marques particulières ;
(2)   à la   compagnie du   bataillon du
régiment d'infanterie.
Entré au service le
comme (3)
inscrit au corps sous le n°
S'est rendu coupable, le (4)
Les témoins d   sont :
Il a été déposé à la prison de
Les pièces à l'appui de la procédure au nombre de
sont ci-jointes savoir :
Pourquoi il vous demande qu'il en soit informé, afin que
ledit   soit jugé conformément au
Code de Justice Militaire et qu'il soit donné au soussigné
un récépissé de la présente plainte.

Fait à   le   18

SIGNATURE

(1) Noms, prénoms, grade du chef de corps ou de détachement, corps auquel il appartient.
(2) Grade ou emploi.
(3) Engagé volontaire pour   ans, le   à la mairie de   ou appelé de la classe 18
de la subdivision de   n° du tirage   dans le canton de
(4) Indiquer la date et qualifier l'infraction. Ex : de vol au préjudice d'un militaire, crime prévu et puni par l'art. 248 du Code de J. M.

.. Corps d'armée
. Division
. Brigade

Code de Justice Militaire
TITRE .— ART.

● RÉGIMENT D'INFANTERIE

—

PLAINTE

A M. le Général commandant le ● Corps d'armée

Le soussigné (1)

a l'honneur de vous représenter que le nommé

fils de   et de

domiciliés à   canton de   arrondissement

de   département de   Né le

à   canton de   arrondissement de

département de   domicilié avant son entrée au

service à   canton de   arrondissement

de   département de   Taille d'un mètre

millimètres   visage   front   yeux

nez   bouche   menton   cheveux   sourcils

teint   ayant pour marques particulières :

(2)   à la compagnie du   bataillon du   ● régiment

d'infanterie.

Entré au service le   comme (3)

Arrivé au corps le

Inscrit au corps sous le n°

a abandonné ses drapeaux (4) le   au mois de

mil huit cent   à   heure du

Pour déserter (5)   et n'a plus reparu au corps

depuis cette époque jusqu'au   du mois de   mil

huit cent   qu'il est arrivé à (6)   où il a

été déposé à la prison de

Les témoins de la désertion sont :

(7)

---

(1) Noms, prénoms et grade du chef de corps ou de détachement, corps auquel il appartient.

(2) Grade ou emploi.

(3) Engagé volontaire pour   ans, le   à la mairie de   ; ou appelé de la
classe 18   de la subdivision de   , n° de tirage   dans le canton de

(4) Si l'accusé est déserteur pour n'avoir pas rejoint à l'expiration de son congé, au lieu des
mots : a abandonné ses drapeaux, on mettra : ayant obtenu un congé de faveur pour en jouir du
jusqu'au   en a dépassé la durée et n'a pas rejoint dans le délai de faveur accordé par la loi.

(5) A l'étranger, à l'intérieur, en temps de paix ou de guerre, à l'ennemi ; indiquer toutes les
circonstances aggravantes de la désertion.

(6) Indiquer si c'est volontairement ou sous escorte.

(7) Si la plainte a rapport à plusieurs individus prévenus d'un complot de désertion, seul cas où
la plainte peut être collective, on le continuera en mettant :
1° Que le nommé   fils de etc. (et ainsi de suite comme pour le premier).
2° Que le nommé
Pourquoi il vous demande qu'il en soit informé, afin que lesdits   soient ensuite jugés, etc.

Les pièces à l'appui de la procédure au nombre de
sont ci-jointes, savoir :

Pourquoi il vous demande qu'il en soit informé, afin que
ledit soit ensuite jugé conformément au Code de
Justice Militaire et qu'il soit donné au soussigné récépissé de
la présente plainte.

Fait à   *le*   *18*

SIGNATURE

121. — Il importe de joindre à la plainte en Conseil de guerre
pour désertion, l'état des effets emportés et rapportés (art. 95 du
Code de J. M.) ; nous indiquons ci-après un modèle qui est employé
dans quelques corps d'armée.

° Corps d'armée
° Division d'infanterie
° Brigade d'infanterie

° RÉGIMENT DINFANTERIE

ÉTAT des effets emportés et rapportés par le
nommé inculpé de désertion à avec
emport d'effets ou armes appartenant à l'État.

DÉSIGNATION Nature et Classement des effets		NOMBRE D'EFFETS		OBSERVATIONS
		emportés	rapportés	
Veste	B	Une	»	*Auraient été retirés au nommé X... par les gendarmes italiens à Coni. Le corps n'a rien reçu.*
Pantalon	I	Un	»	
Képi	I	Un	»	
Souliers	B	Une paire	Une paire	
Chemise	B	Une	Une	
Caleçon	B	Un	Un	
Ceinturon	B	Un	»	
Porte-épée	B	Un	»	*Ont été retrouvés dans un wagon de la Compagnie P.-L.-M. et renvoyés au corps.*
Epée-baïonnette avec fourreau modèle 1886		Une	»	

A   le   18

Le Capitaine commandant la Compagnie,

TRANSMISSION DES PLAINTES EN CONSEIL DE GUERRE

---

122. — Nous voici arrivés au terme de l'information préalable ; la mission de l'officier de police judiciaire est terminée et le général commandant le corps d'armée est saisi de l'affaire.

« Les actes et procès-verbaux dressés par les officiers de police « judiciaire sont transmis sans délai avec les pièces et documents, « au général commandant la circonscription. » (Art. 97 du Code de Justice Militaire).

Il appartient à cet officier général de donner l'ordre d'informer ou de refuser l'information.

« La poursuite des crimes ou délits ne peut avoir lieu, à peine « de nullité, que sur un ordre d'informer donné par le général « commandant la circonscription, soit d'office, soit d'après les actes, « rapports ou procès-verbaux dressés conformément aux articles « précédents. » (Art. 99 du Code de J. M.)

Le général commandant le corps d'armée est chef de l'action publique dans toute l'étendue de son commandement et ses décisions ne sont susceptibles d'aucun recours.

Il juge dans sa haute impartialité, si la plainte est ou non fondée et donne ou refuse l'ordre d'informer suivant son appréciation et l'inspiration de sa conscience.

DE LA POLICE JUDICIAIRE AUX ARMÉES

123. — L'action de la police judiciaire militaire aux armées et la procédure à suivre dans les informations préliminaires sont les mêmes en temps de guerre aussi bien qu'en temps ordinaire, sauf l'exception que nous avons signalée (n· 47 ci-dessus) :

— L'officier de police judiciaire militaire peut entrer seul pour perquisitionner dans une maison particulière, s'il ne se trouve sur les lieux aucune autorité civile pour l'assister ; mais il doit en faire mention dans son procès-verbal.

124. — Aux armées, dans les circonscriptions en état de guerre ou de siège, dans les communes et départements en état de siège et dans les places de guerre assiégées ou investies les actes et procès-verbaux dressés par les officiers de police judiciaire sont transmis :

Au général en chef pour les inculpés justiciables du Conseil de guerre du quartier général de l'armée ;

Au général commandant le corps d'armée pour les inculpés justiciables du Conseil de guerre du corps d'armée ;

Au général commandant la division pour les inculpés justiciables du Conseil de guerre de la division ;

Au commandant du détachement pour les inculpés justiciables du Conseil de guerre du détachement ;

Enfin, au gouverneur ou commandant supérieur dans les villes assiégées ou investies.

Cette obligation découle des prescriptions contenues dans l'art. 154 du Code de J. M. aux termes duquel les autorités que nous venons d'énumérer ont qualité pour donner l'ordre d'informer à l'égard des mêmes inculpés.

TABLE DES MATIÈRES
contenues dans le Memento

—✳—

ANNEXE N° 1

CODE
DE JUSTICE MILITAIRE
POUR L'ARMÉE DE TERRE

CODE

DE JUSTICE MILITAIRE

POUR L'ARMÉE DE TERRE

DU 9 JUIN 1857.

**Modifié d'après les lois du 16 mai 1872, du 26 juillet 1873,
du 18 mai 1875, du 6 novembre 1875 et du 21 avril 1892.**

~~~~~~~~~~~~~~~~

NAPOLÉON, par la grâce de Dieu et la volonté nationale, Empereur des Francais, à tous présents et à venir, salut :

Avons sanctionné et sanctionnons, promulgué et promulguons ce qui suit :

LOI.

Extrait du procès-verbal du Corps législatif.

Le Corps législatif a adopté le projet de loi dont la teneur suit :

LIVRE PREMIER.

DE L'ORGANISATION DES TRIBUNAUX MILITAIRES.

~~~~~~~~~~

Dispositions préliminaires.

ART. 1er. — La justice militaire est rendue :

1° Par des conseils de guerre ;

2° Par des conseils de révision.

Des prévôtés sont établies aux armées dans les cas prévus par le présent Code.

TITRE PREMIER

DES CONSEILS DE GUERRE ET DES CONSEILS DE RÉVISION PERMANENTS DANS LES CIRCONSCRIPTIONS TERRITORIALES.

CHAPITRE Iᵉʳ.

Des conseils de guerre permanents dans les circonscriptions territoriales.

2. Il y a un conseil de guerre permanent au chef-lieu de chacune des circonscriptions militaires territoriales formées, à l'intérieur, sous le titre de région de corps d'armée ou de commandement supérieur, et en Algérie, sous le titre de division militaire.

Si les besoins du service l'exigent, d'autres conseils de guerre permanents peuvent être établis dans la circonscription par un décret du chef de l'État, qui fixe le siège de chacun de ces conseils et en détermine le ressort.

3. Le conseil de guerre permanent est composé d'un colonel ou lieutenant-colonel, président, et de six juges, savoir :

Un chef de bataillon, ou chef d'escadron, ou major ;

Deux capitaines ;

Un lieutenant ;

Un sous-lieutenant ; ou à défaut un deuxième lieutenant. (1)

Un sous-officier.

4. Il y a près chaque conseil de guerre un commissaire du Gouvernement, un rapporteur et un greffier.

Il peut être nommé un ou plusieurs substituts du commissaire du Gouvernement et du rapporteur, et un ou plusieurs commis-greffiers.

5. Les commissaires du Gouvernement et leurs substituts remplissent près les conseils de guerre les fonctions du ministère public.

Les rapporteurs et leurs substituts sont chargés de l'instruction.

Les greffiers et commis-greffiers font les écritures.

6. Les présidents et les juges sont pris parmi les officiers et sous-officiers en activité dans la circonscription ; ils peuvent être remplacés tous les six mois, et même dans un délai moindre, s'ils cessent d'être employés dans la circonscription.

7. Les commissaires du Gouvernement et les rapporteurs sont pris parmi les officiers supérieurs, les capitaines, les sous-intendants militaires ou adjoints, soit en activité, soit en retraite.

---

(1) Loi du 21 avril 1802.

Les substituts sont pris parmi les officiers en activité dans la circonscription. Exceptionnellement, et lorsque les besoins du service l'exigent, il peut être dérogé à cette règle, en vertu d'une décision du ministre de la guerre.

8. Le président et les juges des conseils de guerre sont nommés par le général commandant la circonscription.

La nomination est faite par le ministre de la guerre, s'il s'agit du jugement d'un colonel, d'un officier général ou d'un maréchal de France.

9. Les commissaires du Gouvernement et les rapporteurs sont nommés par le ministre de la guerre.

Lorsqu'ils sont choisis parmi les officiers en activité, ils sont nommés sur une liste de présentation dressée par le général commandant la circonscription où siège le conseil de guerre.

Les substituts sont nommés par le général commandant la circonscription.

Un règlement d'administration publique détermine les conditions et les formes de la nomination des greffiers et commis-greffiers.

10. La composition des conseils de guerre, déterminée par l'article 3 du présent Code, est maintenue ou modifiée suivant le grade de l'accusé, conformément au tableau ci-après.

GRADE DE L'ACCUSÉ	GRADE DU PRÉSIDENT	GRADES DES JUGES
Sous-officier, caporal ou brigadier, soldat.	Colonel ou lieutenant-colonel (1)	1 chef de bataillon, ou chef d'escadron, ou major. 2 capitaines. 1 lieutenant. 1 sous-lieutenant, ou à défaut un deuxième lieutenant. 1 sous-officier.
Sous-lieutenant.	Colonel ou lieutenant-colonel.	1 chef de bataillon, ou chef d'escadron, ou major. 2 capitaines. 1 lieutenant. 2 sous-lieutenants.

(1) Une lettre Melle du 16 mai 1850 porte qu'à défaut de colonel ou de lieutenant colonel présent dans le lieu où siège le Conseil, on peut compléter celui-ci avec un deuxième chef de bataillon, d'escadron ou major, en activité, en service dans la circonscription. Le rang d'ancienneté détermine alors celui des deux officiers supérieurs à qui la présidence est dévolue. (*Peloux, page 2*)

GRADE DE L'ACCUSÉ	GRADE DU PRÉSIDENT	GRADES DES JUGES
Lieutenant.......	Colonel ou lieutenant-colonel ...	1 chef de bataillon, ou chef d'escadron, ou major. 3 capitaines. 2 lieutenants.
Capitaine	Colonel	1 lieutenant-colonel. 3 chefs de bataillon, ou chefs d'escadron, ou majors. 2 capitaines.
Chef de bataillon, chef d'escadron, major.........	Général de brigade	2 colonels. 2 lieutenants-colonels. 2 chefs de bataillon, ou chefs d'escadron, ou majors.
Lieut-colonel.....	Général de brigade	4 colonels. 2 lieutenants-colonels.
Colonel	Général de division	4 généraux de brigade. 2 colonels.
Général de brigade	Mar. de France...	4 généraux de division. 2 généraux de brigade.
Général de division	Mar. de France...	2 maréchaux de France. 4 généraux de division.
Mar. de France...	Mar. de France...	3 maréchaux de France ou amiraux. 3 généraux de division.

En cas d'insuffisance dans la circonscription d'officiers ayant le grade exigé pour la composition du conseil de guerre, le général commandant la circonscription appelle à siéger au conseil de guerre des officiers d'un grade égal à celui de l'accusé ou d'un grade immédiatement inférieur.

Lorsqu'une affaire paraîtra de nature à entraîner de longs débats, le ministre de la guerre ou le général commandant la division, suivant le cas, pourra, avant l'ouverture des débats, désigner, dans chaque catégorie ou grade devant composer le conseil de guerre, un ou deux juges supplémentaires.

Ces juges seront pris, d'après l'ordre d'ancienneté, à la suite des juges appelés à siéger au conseil de guerre. Ils assisteront aux débats, dans les mêmes conditions que les autres juges ; mais ils ne prendront part aux délibérations dans la chambre du conseil que dans le cas où ils auraient remplacé un juge empêché, ainsi qu'il est dit ci-après.

Si, par une cause régulièrement constatée, un juge était empêché de siéger, il serait remplacé par un juge supplémentaire ou le plus ancien des deux juges supplémentaires de son grade et de sa catégorie. (1)

---

(1) Loi du 26 juillet 1873.

11. Pour juger un général de division ou un maréchal de France, les maréchaux de France et les généraux de division sont appelés, suivant l'ordre de l'ancienneté, à siéger dans le conseil de guerre, à moins d'empêchement admis par le ministre de la guerre.

Le président du conseil de guerre est choisi parmi les maréchaux qui ont été désignés en vertu du paragraphe précédent, ou, à défaut d'un maréchal, parmi les juges désignés dans les conditions que détermine l'art. 12. (1)

12. A défaut d'un nombre suffisant de maréchaux, sont appelés à faire partie du conseil de guerre, d'après leur rang d'ancienneté et dans l'ordre suivant :

1° Des amiraux ;

2° Des officiers généraux ayant commandé en chef devant l'ennemi. Ces officiers généraux sont nommés par le ministre de la guerre, qui restera juge des cas d'empêchement.

Les fonctions de commissaire du Gouvernement peuvent être remplies par un général de division, et celles de rapporteur sont exercées par un officier général. (1)

13. Pour juger un membre du corps de l'intendance militaire, un médecin, un pharmacien, un officier d'administration, un vétérinaire ou tout autre individu assimilé aux militaires, le conseil de guerre est composé suivant le grade auquel le rang de l'accusé correspond.

14. S'il y a plusieurs accusés de différents grades ou rangs, la composition du conseil de guerre est déterminée par le grade ou le rang le plus élevé.

15. Lorsqu'à raison du grade ou du rang de l'accusé, un ou plusieurs membres du conseil de guerre sont remplacés, les autres membres, les rapporteurs et les greffiers continuent de droit leurs fonctions, sauf le cas prévu par l'art 12 ci-dessus.

16. Les fonctions de commissaire du Gouvernement sont remplies par un officier d'un grade ou d'un rang au moins égal à celui de l'accusé, sauf le cas prévu par l'article 12.

Lorsqu'un commissaire du Gouvernement est spécialement nommé pour le jugement d'une affaire, il est assisté du commissaire ordinaire près le conseil de guerre, ou de l'un de ses substituts.

17. Les conseils de guerre appelés à juger des prisonniers de guerre sont composés, comme pour le jugement des militaires français, d'après les assimilations de grade.

(1) Loi du 16 mai 1872.

18. Lorsque, dans les cas prévus par les lois, il y a lieu de traduire devant un conseil de guerre, soit comme auteur principal, soit comme complice, un individu qui n'est ni militaire, ni assimilé aux militaires, le conseil reste composé, suivant le cas, comme il est dit aux articles 3 et 33 pour les sous-officiers, caporaux et soldats, à moins que le grade ou le rang d'un coaccusé militaire n'exige une autre composition.

19. Le général commandant chaque circonscription territoriale dresse, sur la présentation des chefs de corps, un tableau, par grade et par ancienneté, des officiers et sous-officiers de la circonscription qui peuvent être appelés à siéger comme juges dans le conseil de guerre.

Ce tableau est rectifié au fur et à mesure des mutations.

Une expédition en est déposée au greffe du conseil de guerre.

Les officiers et sous-officiers sont appelés successivement, et dans l'ordre de leur inscription, à siéger dans le conseil de guerre, à moins d'empêchement admis par une décision du général commandant la circonscription.

20. En cas d'empêchement accidentel du président, ou d'un juge, le général commandant la circonscription le remplace provisoirement, selon le cas, par un officier du même grade, ou par un sous-officier, dans l'ordre du tableau dressé en exécution de l'article précédent.

Dans le cas d'empêchement du commissaire du Gouvernement, du rapporteur et de leurs substituts, du greffier et du commis-greffier, il est provisoirement pourvu au remplacement par le général commandant la circonscription.

21. S'il ne se trouve pas dans la circonscription des officiers généraux ou supérieurs en nombre suffisant pour compléter le conseil de guerre, le ministre de la guerre y pourvoit, en appelant par rang d'ancienneté des officiers généraux ou supérieurs employés dans les circonscriptions territoriales les plus voisines.

22. Nul ne peut faire partie d'un conseil de guerre, à un titre quelconque, s'il n'est Français ou naturalisé Français et âgé de vingt-cinq ans accomplis.

23. Les parents et alliés, jusqu'au degré d'oncle et de neveu inclusivement, ne peuvent être membres du même conseil de guerre, ni remplir près ce conseil les fonctions de commissaire du Gouvernement, de rapporteur ou de greffier.

24. Nul ne peut siéger comme président ou juge, ni remplir les fonctions de rapporteur dans une affaire soumise au conseil de guerre :

1° S'il est parent ou allié de l'accusé jusqu'au degré de cousin issu de germain inclusivement ;

2° S'il a porté la plainte, donné l'ordre d'informer ou déposé comme témoin ;

3° Si, dans les cinq ans qui ont précédé la mise en jugement, il a été engagé comme plaignant, partie civile ou prévenu, dans un procès criminel contre l'accusé ;

4° S'il a précédemment connu de l'affaire comme administrateur ou comme membre d'un tribunal militaire. (1)

25. Avant d'entrer en fonctions, les commissaires du Gouvernement et les rapporteurs pris en dehors de l'activité, prêtent, entre les mains du général commandant la circonscription, le serment suivant :

« *Je jure obéissance aux lois constitutionnelles.* (2) »

CHAPITRE II.
Des conseils de révision permanents dans les circonscriptions territoriales.

26. Il est établi, pour les circonscriptions territoriales, des conseils de révision permanents, dont le nombre, le siége et le ressort sont déterminés par décret du chef de l'Etat, inséré au *Bulletin des lois*. (3)

27. Les conseils de révision sont composés d'un président, général de brigade, et de quatre juges, savoir :

Deux colonels ou lieutenants-colonels ;

Deux chefs de bataillon, ou chefs d'escadron, ou majors.

Il y a près chaque conseil de révision un commissaire du Gouvernement et un greffier.

Les fonctions de commissaire du Gouvernement sont remplies par un officier supérieur ou un sous-intendant militaire.

Il peut être nommé un substitut du commissaire du Gouvernement et un commis-greffier, si les besoins du service l'exigent.

28. Le président et les juges du conseil de révision sont pris parmi les officiers en activité dans la circonscription où siége le conseil, et nommés par le général commandant la circonscription. Ils peuvent être remplacés tous les six mois, et même dans un délai moindre, s'ils cessent d'être employés dans la circonscription.

Un tableau est dressé pour les juges, conformément à l'article 19 du présent Code.

---

(1) Les officiers qui ont agi comme officiers de police judiciaire ne peuvent siéger comme juges dans la même affaire. (*Lettre M⁰ du 30 mai 1859.*)

(2) Le serment a été aboli par le décret du 5 septembre 1870.

(3) Il en existe un à Paris et un à Alger.

Les articles 20 et 21 sont également applicables aux conseils de révision.

29. Les commissaires du Gouvernement sont pris parmi les officiers supérieurs ou parmi les sous-intendants militaires, en activité de service ou en retraite ; ils sont nommés par le ministre de la guerre.

Les substituts sont pris parmi les officiers ou parmi les membres de l'intendance militaire en activité de service ; ils sont nommés par le général commandant la circonscription.

Les conditions et les formes de la nomination des greffiers et commis-greffiers sont déterminées par le règlement d'administration publique prévu par l'article 9 du présent Code.

30. Lorsque le conseil de guerre dont le jugement est attaqué a été présidé par un général de division ou par un maréchal de France, le conseil de révision est également présidé par un général de division ou par un maréchal de France, ou, à défaut d'un maréchal, par un officier général désigné suivant les conditions déterminées par l'article 12. Le général de brigade siège alors comme juge, et le chef de bataillon, ou le chef d'escadron, ou le major le moins ancien de grade, ou, à égalité d'ancienneté, le moins âgé, ne prend point part au jugement de l'affaire. (1)

31. Nul ne peut faire partie d'un conseil de révision s'il n'est Français ou naturalisé Français et âgé de trente ans accomplis.

Les articles 23 et 24 du présent Code sont applicables aux membres des conseils de révision.

32. Avant leur entrée en fonctions, les commissaires du Gouvernement pris en dehors de l'activité prêtent, entre les mains du général commandant la circonscription, le serment prescrit par l'article 25 du présent Code. (2)

TITRE II.
DES CONSEILS DE GUERRE ET DES CONSEILS DE RÉVISION AUX ARMÉES, DANS LES COMMUNES ET LES DÉPARTEMENTS EN ÉTAT DE SIÉGE ET DANS LES PLACES DE GUERRE ASSIÉGÉES OU INVESTIES.

CHAPITRE I⁰ʳ
Des conseils de guerre aux armées.

33. Lorsqu'un corps d'armée est appelé, ou que plusieurs corps d'armée réunis en armée sont appelés à opérer, soit sur le territoire, soit au

---

(1) Loi du 16 mai 1872.
(2) Le serment a été aboli par le décret du 5 septembre 1870.

dehors, un ou deux conseils de guerre sont établis, sur l'ordre du ministre de la guerre, dans chaque division active, ainsi qu'au quartier général de l'armée, et, s'il y a lieu, au quartier général de chaque corps d'armée.

Si une division active ou un détachement de troupes de la force d'un bataillon au moins sont appelés à opérer isolément, un ou deux conseils de guerre peuvent également être formés dans la division ou le détachement.

Ces conseils de guerre sont composés de cinq juges seulement, conformément au tableau ci-après, suivant le grade de l'accusé, jusqu'à celui de lieutenant-colonel inclusivement.

GRADE DE L'ACCUSÉ	GRADE DU PRÉSIDENT	GRADES DES JUGES
Sous-officier, caporal, ou brigadier, soldat.....	Colonel, ou lieutenant-colonel..	1 chef de bataillon, chef d'escadron ou major. 1 capitaine. 1 lieutenant ou sous-lieutenant. 1 sous-officier.
Sous-lieutenant...	Colonel, ou lieutenant-colonel..	1 chef de bataillon, chef d'escadron ou major. 1 capitaine. 1 lieutenant. 1 sous-lieutenant.
Lieutenant.......	Colonel, ou lieutenant-colonel..	1 chef de bataillon, chef d'escadron ou major. 1 capitaine. 2 lieutenants.
Capitaine........	Colonel...........	1 lieutenant-colonel. 1 chef de bataillon, chef d'escadron ou major. 2 capitaines.
Chef de bataillon, chef d'escadron, major..........	Général de brigade	1 colonel. 1 lieutenant-colonel. 2 chefs de bataillon, chefs d'escadron ou majors.
Lieutenant-colonel	Général de brigade	2 colonels. 2 lieutenants-colonels.

Il y a près de chaque conseil un commissaire du Gouvernement rapporteur, remplissant à la fois les fonctions de magistrat instructeur et celles du ministère public, et un greffier.

Il peut être nommé un ou plusieurs substituts du commissaire du Gouvernement rapporteur et un ou plusieurs commis-greffiers.

Les articles 11, 12, 13, 14, 16, 17 et 18 du présent Code sont applicables aux conseils de guerre ainsi composés.

Il n'est rien changé à la composition des conseils déterminés par l'article 10 du présent Code, pour les autres grades, à partir de celui de colonel.

34. Les membres des conseils de guerre, ainsi que les commissaires du Gouvernement rapporteurs, les substituts, les greffiers et commis-greffiers, sont pris parmi les officiers et les sous-officiers employés dans l'armée, le corps d'armée, la division ou le détachement près desquels ces conseils sont établis.

35. Les membres des conseils de guerre sont nommés et remplacés, savoir :

Dans la division, par le général commandant la division ;

Au quartier général de l'armée, par le général en chef ;

Au quartier général du corps d'armée, par le général commandant le corps d'armée ;

Dans le détachement de troupes, par le commandant de ce détachement.

S'il ne se trouve pas, soit dans la division, soit dans l'armée, soit dans le corps d'armée, soit dans le détachement où se forment les conseils de guerre, un nombre suffisant d'officiers du grade requis pour leur composition, il y est suppléé en descendant dans la hiérarchie, même jusqu'au grade inférieur à celui de l'accusé, si cela est nécessaire, mais sans que plus de deux juges puissent être pris dans cette catégorie.

Si, nonobstant la disposition du paragraphe précédent, il y a dans les divisions, corps d'armée et détachements, insuffisance de militaires du grade requis pour composer les conseils de guerre qui y sont attachés, il y est pourvu par le général en chef au moyen d'officiers pris dans l'armée.

En cas d'impossibilité absolue pour le général en chef de composer le conseil de guerre du quartier général, il y est pourvu par le ministre de la guerre, qui compose ce conseil conformément aux dispositions de l'article 21 du présent Code, ou renvoie l'officier inculpé devant l'un des conseils de guerre permanents des circonscriptions territoriales voisines.

36. Si un maréchal de France ou un général de division ayant commandé une armée ou un corps d'armée est mis en jugement à raison d'un fait commis pendant la durée de son commandement, aucun des généraux ayant été sous ses ordres dans l'armée ou le corps d'armée ne peut faire partie du conseil de guerre.

37. Les articles 15, 22, 23 et 24 du présent Code sont applicables aux conseils de guerre siégeant aux armées.

CHAPITRE II.
Des conseils de révision aux armées.

38. Il est établi un conseil de révision au quartier général de l'armée.

Le général en chef de l'armée ou le général commandant un corps d'armée peut, en outre, selon les besoins du service, établir un conseil de révision pour une ou plusieurs divisions, pour un ou plusieurs détachements.

39. Les membres des conseils de révision sont pris parmi les officiers employés dans les armées, corps d'armée, divisions ou détachements près desquels ces conseils sont établis.

Ils sont nommés et remplacés par les commandants de ces armées, corps d'armée, divisions ou détachements.

40. Les articles 23, 24, 27, 29, 30 et 31 du présent Code sont applicables aux conseils de révision siégeant aux armées.

41. S'il ne se trouve pas, soit au quartier général, soit dans l'armée, soit dans le corps d'armée, soit dans la division, soit dans le détachement où se forme le conseil de révision, un nombre suffisant d'officiers du grade requis, le conseil est composé de trois juges, lesquels peuvent être pris, savoir :

Le président, parmi les colonels ou lieutenants-colonels ;

Les deux juges, parmi les chefs de bataillon, les chefs d'escadron ou les majors.

Les fonctions du commissaire du Gouvernement peuvent être remplies par un capitaine ou un adjoint de l'intendance militaire.

Dans tous les cas, le président du conseil de révision doit être d'un grade au moins égal à celui de l'accusé.

CHAPITRE III.
Dispositions communes aux deux chapitres précédents.

42. Lorsque des armées, corps d'armée, divisions actives ou détachements de troupes sont appelés à opérer, soit sur le territoire, soit au dehors, les conseils de guerre et de révision permanents qui se trouvent déjà organisés dans les circonscriptions territoriales connaissent de toutes les affaires de la compétence des conseils de guerre et de révision aux armées, tant que des conseils d'armée n'ont pas été créés conformément aux chapitres I et II du présent titre.

CHAPITRE IV.
Des conseils de guerre dans les communes et les départements en état de siége et dans les places de guerre assiégées ou investies.

43. Lorsqu'une ou plusieurs communes, un ou plusieurs départements ont été déclarés en état de siége, les conseils de guerre permanents des

circonscriptions territoriales dont font partie ces communes ou ces départements, indépendamment de leurs attributions ordinaires, statuent sur les crimes et délits dont la connaissance leur est déférée par le présent Code et par les lois sur l'état de siége.

Le siége de ces conseils peut être transféré, par décret du chef de l'Etat, dans l'une de ces communes ou dans l'un de ces départements.

44. Il est établi deux conseils de guerre dans toute place de guerre assiégée ou investie.

La formation de ces conseils est mise à l'ordre du jour de la place.

Leurs fonctions cessent dès que l'état de siége est levé, sauf en ce qui concerne le jugement des crimes et délits dont la poursuite leur a été déférée.

45. Les membres des conseils de guerre établis dans les places de guerre, en vertu de l'article précédent, sont nommés et remplacés par le gouverneur ou le commandant supérieur de la place, qui, à défaut de militaires en activité, peut les prendre parmi les officiers et les sous-officiers en non-activité, en congé ou en retraite. Dans ce cas, ils prêtent, entre les mains du commandant supérieur, le serment prescrit par l'article 25 du présent Code.

S'il ne se trouve pas dans la place un nombre suffisant d'officiers des grades exigés pour la formation des conseils, il y est suppléé par des officiers et sous-officiers des grades inférieurs les plus rapprochés.

46. Les conseils de guerre établis dans les places de guerre en vertu de l'article 44 sont composés comme les conseils de guerre aux armées.

Les articles 11, 12, 13, 14, 15, 16, 17, 18, 22, 23, 24, 33 et 34 du présent Code leur sont applicables.

CHAPITRE V.
Des conseils de révision dans les communes et les départements en état de siège et dans les places de guerre assiégées ou investies.

47. Lorsqu'une ou plusieurs communes, un ou plusieurs départements ont été déclarés en état de siége, chaque conseil de révision permanent connaît des recours formés contre tous les jugements des conseils de guerre placés dans sa circonscription.

Le siége du conseil de révision peut être transféré, par décret du chef de l'Etat, dans l'une de ces communes ou dans l'un de ces départements.

48. Il est établi un conseil de révision dans toute place de guerre assiégée ou investie.

Les membres de ce conseil sont nommés et remplacés par le gouverneur ou le commandant supérieur de la place. Ils sont pris dans les catégories indiquées dans l'article 45 du présent Code.

En cas d'insuffisance, le conseil est réduit à trois juges, conformément à l'article 41.

49. Les articles 27, 30, 31 et 32 du présent Code sont applicables aux conseils de révision siégeant dans les places de guerre assiégées ou investies.

CHAPITRE VI.

Disposition commune aux deux chapitres précédents.

50. S'il existe déjà, dans la place de guerre assiégée ou investie, des conseils de guerre ou de révision, l'organisation en est modifiée et complétée, s'il y a lieu, conformément aux dispositions des deux chapitres précédents.

TITRE III.

DES PRÉVÔTÉS

51. Lorsqu'une armée est sur le territoire étranger, les grands prévôts et les prévôts, indépendamment des attributions de police qui leur sont déférées par les règlements militaires, exercent une juridiction dont les limites et les règles sont déterminées par le présent Code.

52. Le grand prévôt exerce sa juridiction, soit par lui-même, soit par les prévôts, sur tout le territoire occupé par l'armée et sur les flancs et les derrières de l'armée.

Chaque prévôt exerce sa juridiction dans la division ou le détachement auquel il appartient, ainsi que sur les flancs et les derrières de cette division ou de ce détachement.

Le grand prévôt, ainsi que les prévôts, jugent seuls, assistés d'un greffier, qu'ils choisissent parmi les sous-officiers et brigadiers de gendarmerie.

LIVRE II.

DE LA COMPÉTENCE DES TRIBUNAUX MILITAIRES

Dispositions générales.

53. Les tribunaux militaires ne statuent que sur l'action publique, sauf les cas prévus par l'article 75 du présent Code.

Ils peuvent néanmoins ordonner, au profit des propriétaires, la restitution des objets saisis ou des pièces de conviction, lorsqu'il n'y a pas lieu d'en prononcer la confiscation.

54. L'action civile ne peut être poursuivie que devant les tribunaux civils ; l'exercice en est suspendu tant qu'il n'a pas été prononcé définitivement sur l'action publique intentée avant ou pendant la poursuite de l'action civile.

TITRE PREMIER
COMPÉTENCE DES CONSEILS DE GUERRE

CHAPITRE Ier.
Compétence des conseils de guerre permanents dans les circonscriptions territoriales en état de paix.

55. Tout individu appartenant à l'armée en vertu, soit de la loi du recrutement, soit d'un brevet ou d'une commission, est justiciable des conseils de guerre permanents dans les circonscriptions territoriales en état de paix, selon les distinctions établies dans les articles suivants. (1)

56. Sont justiciables des conseils de guerre des circonscriptions territoriales en état de paix, pour tous crimes et délits, sauf les exceptions portées au titre IV du présent livre :

1° Les officiers de tous grades, les sous-officiers, caporaux et brigadiers, les soldats, les musiciens et les enfants de troupe.

Les membres du corps de l'intendance militaire.

Les médecins, les pharmaciens, les vétérinaires militaires et les officiers d'administration.

Les individus assimilés aux militaires par les ordonnances ou décrets d'organisation.

Pendant qu'ils sont en activité de service ou portés présents sur les contrôles de l'armée ou détachés pour un service spécial (2) :

2° Les militaires, les jeunes soldats, les remplaçants, les engagés volontaires et les individus assimilés aux militaires, placés dans les hôpitaux civils et militaires ou voyageant sous la conduite de la force publique, ou détenus dans les établissements, prisons et pénitenciers militaires ;

---

(1) Les militaires **Commissionés** sont soumis à toutes les lois militaires et peuvent être poursuivis pour désertion. (*J. du C. de R. du 27 mai 1876 ; L. des 13 mars 1875 et 15 juillet 1889.*)

(2). Doit être considéré comme **présent** et comme tel justiciable des conseils de guerre:

Le militaire exclu de l'armée en vertu d'une condamnation qui n'aurait pas commencé à subir sa peine. (*Arr. Cass. du 13 novembre 1852*);

Celui qui, ayant obtenu un congé et reçu sa feuille de route, ne serait pas encore parti et serait resté à la caserne (*Arr. Cass. du 17 juin 1854*) ;

Le militaire démissionnaire jusqu'au jour où il reçoit l'avis officiel de l'acceptation de sa démission. (*Arr. Cass. du 30 Août 1855*);

Le militaire libéré est justiciable des tribunaux militaires pour les crimes commis pendant qu'il était sous les drapeaux. (*Arr. Cass. 12 octobre 1876*) ;

Un officier de l'armée territoriale n'est pas justiciable des conseils de guerre pendant un stage volontaire. (*Loi du 18 novembre 1875, Avis du Conseil d'État du 7 février 1877*).

3° Les officiers de tous grades et les sous-officiers, caporaux et soldats inscrits sur les contrôles de l'hôtel des Invalides ;

4° Les jeunes soldats laissés dans leurs foyers, et les militaires envoyés en congés illimités, lorsqu'ils sont réunis pour les revues ou exercices prévus par l'article 30 de la loi du 21 mars 1832. (1)

Les prisonniers de guerre sont aussi justiciables des conseils de guerre (2).

57. Sont également justiciables des conseils de guerre des circonscriptions territoriales en état de paix, mais seulement pour les crimes et les délits prévus par le titre II du livre IV, les militaires de tous grades, les membres de l'intendance militaire, et tous individus assimilés aux militaires :

1° Lorsque, sans être employés, ils reçoivent un traitement et restent à la disposition du gouvernement ;

2° Lorsqu'ils sont en congé ou en permission (3).

58. Les jeunes soldats, les engagés volontaires (et les remplaçants) ne sont, depuis l'instant où ils ont reçu leur ordre de route jusqu'à celui de leur réunion en détachement ou de leur arrivée au corps, justiciables des mêmes conseils de guerre que pour les faits d'insoumission, sauf les cas prévus par les numéros 2 et 4 de l'article 56 ci-dessus.

59. Les officiers de la gendarmerie, les sous-officiers et les gendarmes ne sont pas justiciables des conseils de guerre pour les crimes et délits commis dans l'exercice de leurs fonctions relatives à la police judiciaire et à la constatation des contraventions en matière administrative.

60. Lorsqu'un justiciable des conseils de guerre est poursuivi en même temps pour un crime ou un délit de la compétence des conseils de guerre, et pour un autre crime ou délit de la compétence des tribunaux ordinaires, il est traduit d'abord devant le tribunal auquel appartient la connaissance du fait emportant la peine la plus grave, et renvoyé ensuite, s'il y a lieu, pour l'autre fait, devant le tribunal compétent.

En cas de double condamnation, la peine la plus forte est seule subie.

Si les deux crimes ou délits emportent la même peine, le prévenu est d'abord jugé pour le fait de la compétence des tribunaux militaires.

(1) Loi abrogée et remplacée par la loi du 15 juillet 1889. — Voir annexe n° 15.

(2) On se conforme pour l'envoi des **prisonniers de guerre** en jugement ou en détention à toutes les dispositions prescrites en pareil cas pour les militaires de l'armée française. *Régl. du 21 Mars 1893 sur les Prisonniers de guerre ; art. 101).*

(3) Les **permissionnaires de 24 heures** sont justiciables des tribunaux ordinaires sauf pour les crimes et délits prévus au titre II du livre IV du C. de J. M. (*Voir pour les motifs le jugement du Conseil de Rév. de Paris du 11 décembre 1893 ci-après, Annexe n° 16).*

61. Le prévenu est traduit soit devant le conseil de guerre dans le ressort duquel le crime ou délit a été commis, soit devant celui dans le ressort duquel il a été arrêté, soit devant celui de la garnison de son corps ou de son détachement.

CHAPITRE II.
Compétence des conseils de guerre aux armées et dans les circonscriptions territoriales en état de guerre.

62. Sont justiciables des conseils de guerre aux armées, pour tous crimes ou délits :

1° les justiciables des conseils de guerre dans les circonscriptions territoriales en état de paix ;

2° Les individus employés, à quelque titre que ce soit, dans les états-majors et dans les administrations et services qui dépendent de l'armée ;

Les vivandiers et vivandières, cantiniers et cantinières, les blanchisseurs, les marchands, les domestiques et autres individus à la suite de l'armée en vertu de permissions.

63. Sont justiciables des conseils de guerre, si l'armée est sur le territoire ennemi, tous individus prévenus, soit comme auteurs, soit comme complices, d'un des crimes ou délits prévus par le titre II du livre IV du présent Code.

64. Sont également justiciables des conseils de guerre, lorsque l'armée se trouve sur le territoire français, en présence de l'ennemi, pour les crimes et délits commis dans l'arrondissement de cette armée :

1° Les étrangers prévenus des crimes et délits prévus par l'article précédent ;

2° Tous individus prévenus, comme auteurs ou complices, des crimes prévus par les articles 204, 205, 206, 207, 208, 249, 250, 251, 252, 253 et 254 du présent Code.

65. Sont traduits devant les conseils de guerre de la division ou du détachement dont ils font partie, les militaires, jusqu'au grade de capitaine inclusivement, et les assimilés de rangs correspondants.

66. Sont traduits devant le conseil de guerre du quartier général de leur corps d'armée :

1° Les militaires attachés au quartier général, jusqu'au grade de colonel inclusivement, et les assimilés de rangs correspondants attachés à ce quartier général ;

2° Les chefs de bataillon, les chefs d'escadron et les majors, les lieutenants-colonels et les colonels, et les assimilés de rangs correspondants attachés aux divisions composant le corps d'armée.

67. Sont traduits devant le conseil de guerre du quartier général de l'armée :

1° Les militaires et les assimilés désignés dans l'article précédent, lorsqu'il n'a pas été établi de conseil de guerre au quartier général de leur corps d'armée ;

2° les militaires et les individus attachés au quartier général de l'armée ;

3° Les militaires et les individus assimilés aux militaires qui ne font partie d'aucune des divisions ou d'aucun des corps d'armée ;

4° Les officiers généraux et les individus de rangs correspondants employés dans l'armée. Toutefois, le général en chef peut, s'il le juge nécessaire, les mettre à la disposition du ministre de la guerre, et, dans ce cas, ils sont traduits devant le conseil de guerre d'une des circonscriptions territoriales les plus rapprochées.

68. Tout individu justiciable des conseils de guerre aux armées, qui n'est ni militaire, ni assimilé aux militaires, est traduit devant l'un des conseils de guerre de l'armée les plus voisins du lieu dans lequel le crime ou le délit a été commis, ou du lieu dans lequel le prévenu a été arrêté.

69. Les règles de compétences établies par les conseils de guerre aux armées sont observées dans les circonscriptions territoriales déclarées en état de guerre par un décret du chef de l'Etat.

CHAPITRE III.

Compétence des conseils de guerre dans les communes et les départements en état de siège et dans les places de guerre assiégées ou investies.

70. Les conseils de guerre dans le ressort desquels se trouvent les communes et les départements déclarés en état de siège et les places de guerre assiégées ou investies, connaissent de tous crimes et délits commis par les justiciables des conseils de guerre aux armées, conformément aux articles 63 et 64 ci-dessus, sans préjudice de l'application de la loi du 9 août 1849 sur l'état de siège (1).

---

(1). V. la loi du 9 août 1849 sur l'état de siège ci-après, annexe n° 2.
L'état de siège d'une place de guerre ou d'un poste militaire est déclaré par une loi ou par un décret dans les circonstances prévues et sous les conditions édictées par la loi du 3 avril 1878.
Dans les places de guerre et postes militaires, la déclaration de l'état de siège peut être faite par le commandant militaire, conformément à la loi du 10 Juillet 1791 et du décret du 24 décembre 1811 dans les cas particuliers suivants :
1° L'investissement de la place ou d'un poste par des troupes ennemies qui interceptent les communications du dehors en dedans et du dedans en dehors ;
2° Attaque de vive force ou par surprise ;
3° Sédition intérieure de nature à compromettre la sécurité de la place ;
4° Enfin lorsque des rassemblements armés se sont formés dans un rayon de 10 kilomètres sans autorisation. *(Décret du 4 octobre 1891 portant règlement sur le service des places, art. 189).*
En proclamant l'état de siège le gouvernement d'une place fait connaître que tous les délits dont il ne croit pas devoir saisir les tribunaux ordinaires seront jugés par les tribunaux militaires quelle que soit la qualité des prévenus. *(Idem. art. 191.)*

CHAPITRE IV.

Dispositions communes aux trois chapitres précédents.

71. Les jugements rendus par les conseils de guerre peuvent être attaqués par recours devant les conseils de révision.

La faculté, pour les condamnés, de former un recours en révision contre les jugements des conseils de guerre établis conformément au 3° paragraphe de l'article 33, peut être temporairement suspendue aux armées par un décret du chef de l'Etat rendu en conseil des ministres.

Le commandant supérieur d'une place assiégée ou investie a toujours le droit d'ordonner cette suspension.

Dans tous les cas, lorsque cette mesure est prise, elle est portée à la connaissance des troupes par la voie de l'ordre, et, au besoin, à la connaissance de la population par voie d'affiches. Elle n'a d'effet qu'à l'égard des condamnés jugés pour des crimes ou délits commis après cette publication, et les condamnations, soit à la peine de mort, soit à toute autre peine infamante, ne sont exécutées que sur un ordre signé de l'officier qui a ordonné la mise en jugement.

TITRE II.

COMPÉTENCE DES CONSEILS DE RÉVISION.

72. Les conseils de révision prononcent sur les recours formés contre les jugements des conseils de guerre établis dans leurs ressorts.

73. Les conseils de révision ne connaissent pas du fond des affaires.

74. Les conseils de révision ne peuvent annuler les jugements que dans les cas suivants :

1° Lorsque le conseil de guerre n'a pas été composé conformément aux dispositions du présent Code ;

2° Lorsque les règles de la compétence ont été violées ;

3° Lorsque la peine prononcée par la loi n'a pas été appliquée aux faits déclarés constants par le conseil de guerre, ou lorsqu'une peine a été prononcée en dehors des cas prévus par la loi :

4° Lorsqu'il y a eu violation ou omission des formes prescrites à peine de nullité ;

5° Lorsque le conseil de guerre a omis de statuer sur une demande de l'accusé ou une réquisition du commissaire du Gouvernement, tendant à user d'une faculté ou d'un droit accordé par la loi.

TITRE III.

COMPÉTENCE DES PRÉVÔTÉS :

75. Les prévôtés ont juridiction :

1° Sur les vivandiers, vivandières, cantiniers, cantinières, blanchisseuses, marchands, domestiques et toutes personnes à la suite de l'armée en vertu de permissions ;

2° Sur les vagabonds et gens sans aveu ;

3° Sur les prisonniers de guerre qui ne sont pas officiers.

Elles connaissent à l'égard des individus ci-dessus désignés dans l'étendue de leur ressort :

1° Des infractions prévues par l'article 271 du présent Code ;

2° De toute infraction dont la peine ne peut excéder six mois d'emprisonnement et deux cents francs d'amende, ou l'une de ces peines ;

3° Des demandes en dommages-intérêts qui n'excèdent pas cent cinquante francs, lorsqu'elles se rattachent à une infraction de leur compétence.

Les décisions des prévôtés ne sont susceptibles d'aucun recours.

TITRE IV.

COMPÉTENCE EN CAS DE COMPLICITÉ

76. Lorsque la poursuite d'un crime, d'un délit ou d'une contravention, comprend des individus non justiciables des tribunaux militaires et des militaires ou autres individus justiciables de ces tribunaux, tous les prévenus indistinctement sont traduits devant les tribunaux ordinaires, sauf les cas exceptés par l'article suivant ou par toute autre disposition expresse de la loi.

77. Tous les prévenus, indistinctement, sont traduits devant les tribunaux militaires :

1° Lorsqu'ils sont tous militaires ou assimilés aux militaires, alors même qu'un ou plusieurs d'entre eux ne seraient pas justiciables de ces tribunaux, en raison de leur position au moment du crime ou du délit ;

2° S'il s'agit de crimes ou de délits commis par des justiciables des conseils de guerre et par des étrangers ;

3° S'il s'agit de crimes ou délits commis aux armées en pays étranger ;

4° S'il s'agit de crimes ou de délits commis à l'armée sur le territoire français, en présence de l'ennemi.

78. Lorsqu'un crime ou un délit a été commis de complicité par des individus justiciables des tribunaux de l'armée de terre, et par des individus justiciables des tribunaux de la marine, la connaissance en est

attribuée aux juridictions maritimes, si le fait a été commis sur les vaisseaux et autres navires de l'État et dans l'enceinte des ports militaires, arsenaux ou autres établissements maritimes.

79. Si le crime ou le délit a été commis en tous autres lieux que ceux qui sont indiqués dans l'article précédent, les tribunaux de l'armée de terre sont seuls compétents. Il en est de même, si les vaisseaux, ports, arsenaux ou autres établissements maritimes où le fait a été commis se trouvent dans une circonscription en état de siège.

TITRE V.

DES POURVOIS DEVANT LA COUR DE CASSATION.

80. Ne peuvent en aucun cas, se pourvoir en cassation contre les jugements des conseils de guerre et des conseils de révision :

1° Les militaires, les assimilés aux militaires et tous autres individus désignés dans les articles 55, 56 et 57 ci-dessus ;

2° Les individus soumis, à raison de leur position, aux lois et règlements militaires ;

3° Les justiciables des conseils de guerre dans les cas prévus par les articles 62, 63 et 64 ci-dessus ;

4° Tous individus enfermés dans une place de guerre assiégée ou investie.

81. Les accusés ou condamnés qui ne sont pas compris dans les désignations de l'article précédent peuvent attaquer les jugements des conseils de guerre et des conseils de révision devant la Cour de cassation, mais pour cause d'incompétence seulement.

Le pourvoi en cassation ne peut être formé avant qu'il ait été statué sur le recours en révision ou avant l'expiration du délai fixé pour l'exercice de ce recours.

Les pourvois en cassation contre les jugements des conseils de guerre sont absolument interdits en temps de guerre, pour tous les condamnés sans exception, lorsque le recours en révision a été suspendu comme il est dit au 2° paragraphe de l'article 71.

82. Les dispositions des articles 441, 442, 443, 444, 445, 446, 447 et 542, § 1er, du Code d'instruction criminelle, sont applicables aux jugements des tribunaux militaires.

Il n'est pas dérogé aux dispositions de l'article 527 du même Code. (*V. annexe n° 2*).

LIVRE III.

DE LA PROCÉDURE DEVANT LES TRIBUNAUX MILITAIRES

TITRE PREMIER.

PROCÉDURE DEVANT LES CONSEILS DE GUERRE.

CHAPITRE Ier.

Procédure devant les conseils de guerre dans les circonscriptions territoriales en état de paix.

SECTION 1re. — *De la police judiciaire et de l'instruction.*

83. La police judiciaire militaire recherche les crimes ou les délits, en rassemble les preuves, et en livre les auteurs à l'autorité chargée d'en poursuivre la répression devant les tribunaux militaires.

84. La police judiciaire militaire est exercée, sous l'autorité du général commandant la circonscription :

1° Par les adjudants de place ;

2° Par les officiers, sous-officiers et commandants de brigade de gendarmerie ;

3° Par les chefs de poste ;

4° Par les gardes de l'artillerie et du génie (1) ;

5° Par les rapporteurs près les conseils de guerre, en cas de flagrant délit.

85. Les commandants et majors de place, les chefs de corps, de dépôt et de détachement, les chefs de service d'artillerie et du génie, les membres de l'intendance militaire peuvent faire personnellement ou requérir les officiers de police judiciaire, chacun en ce qui le concerne, de faire tous les actes nécessaires à l'effet de constater les crimes et les délits, et d'en livrer les auteurs aux tribunaux chargés de les punir.

Les chefs de corps peuvent déléguer les pouvoirs qui leur sont donnés par le précédent paragraphe à l'un des officiers sous leurs ordres.

86. Les officiers de police judiciaire reçoivent, en cette qualité, les dénonciations et les plaintes qui leur sont adressées.

Ils rédigent les procès-verbaux nécessaires pour constater le corps du délit et l'état des lieux.

Ils reçoivent les déclarations des personnes présentes ou qui auraient des renseignement à donner.

---

(1) Les gardes du génie portent maintenant la dénomination d'adjoints du génie.

Ils se saisissent des armes, effets, papiers et pièces tant à charge qu'à décharge, et, en général, de tout ce qui peut servir à la manifestation de la vérité, en se conformant aux articles 31, 33, 36, 37, 38, 39 et 65 du Code d'instruction criminelle (1'. annexe n° 3).

87. Dans les cas de flagrant délit, tout officier de police judiciaire militaire ou ordinaire, peut faire saisir les militaires ou les individus justiciables des tribunaux militaires, inculpés d'un crime ou d'un délit. Il les fait conduire immédiatement devant l'autorité militaire et dresse procès-verbal de l'arrestation, en y consignant leurs noms, qualités et signalement.

88. Hors le cas de flagrant délit, tout militaire ou tout individu justiciable des conseils de guerre, en activité de service, inculpé d'un crime ou d'un délit, ne peut être arrêté qu'en vertu de l'ordre de ses supérieurs.

89. Lorsque l'autorité militaire est appelée, hors le cas de flagrant délit, à constater, dans un établissement civil, un crime ou un délit de la compétence des tribunaux militaires, ou à y faire arrêter un de ces justiciables, elle adresse à l'autorité civile ou judiciaire compétente ses réquisitions tendant, soit à obtenir l'entrée de cet établissement, soit à assurer l'arrestation de l'inculpé.

L'autorité judiciaire ordinaire est tenue de déférer à ces réquisitions, et, dans le cas de conflit, de s'assurer de la personne de l'inculpé.

Lorsqu'il s'agit d'un établissement maritime, la réquisition est adressée à l'autorité maritime.

90. Les mêmes réquisitions sont adressées par l'autorité civile à l'autorité militaire, lorsqu'il y a lieu, soit de constater un crime ou un délit de la compétence des tribunaux ordinaires dans un établissement militaire, soit d'y arrêter un individu justiciable de ces tribunaux.

L'autorité militaire est tenue de déférer à ces réquisitions, et, dans le cas de conflit, de s'assurer de la personne de l'inculpé.

91. Les officiers de police judiciaire militaire ne peuvent s'introduire dans une maison particulière, si ce n'est avec l'assistance, soit du juge de paix, soit de son suppléant, soit du maire, soit de son adjoint, soit du commissaire de police.

92. Chaque feuillet du procès-verbal dressé par un officier de police judiciaire militaire est signé par lui et par les personnes qui y ont assisté. En cas de refus ou d'impossibilité de signer de la part de celles-ci, il en est fait mention.

93. A défaut d'officier de police judiciaire militaire présent sur les lieux, les officiers de police judiciaire ordinaire recherchent et constatent les crimes et les délits soumis à la juridiction des conseils de guerre.

94. Dans le cas d'insoumission, la plainte est dressée par le commandant du bureau de recrutement de la subdivision de région à laquelle appartient l'insoumis.

La plainte énonce l'époque à laquelle l'insoumis aurait dû rejoindre (1).

Sont annexés à la plainte :

1° La copie de la notification faite à domicile de la lettre de mise en activité ;

2° La copie des pièces énonçant que l'insoumis n'est pas arrivé à la destination qui lui avait été assignée ;

3° L'exposé des circonstances qui ont accompagné l'insoumission.

S'il s'agit d'un engagé volontaire (ou d'un remplaçant) qui n'a pas rejoint le corps, une expédition de l'acte de l'engagement (ou du remplacement) est annexé à la plainte.

95. Dans le cas de désertion, la plainte est dressée par le chef du corps ou du détachement auquel le déserteur appartient.

Sont annexés à cet acte :

1° Un extrait du registre matricule du corps ;

2° Un état indicatif des armes et des objets qui auraient été emportés par l'inculpé ;

3° L'exposé des circonstances qui ont accompagné la désertion.

96. Il n'est pas dérogé par les articles précédents aux lois, décrets et réglements relatifs aux devoirs imposés à la gendarmerie, aux chefs de poste et autres militaires dans l'exercice de leurs fonctions ou pendant le service.

97. Les actes et procès-verbaux dressés par les officiers de police judiciaire militaire sont transmis sans délai, avec les pièces et documents, au général commandant la circonscription.

Les actes et procès-verbaux émanés des officiers de police ordinaire sont transmis directement au procureur de la République, qui les adresse sans délai au général commandant la circonscription.

98. S'il s'agit d'un individu justiciable des tribunaux ordinaires, le général commandant envoie les pièces au procureur de la République près le tribunal du chef-lieu de la circonscription militaire ; et, si l'inculpé est arrêté, il le met à la disposition de ce magistrat et en informe le ministre de la guerre.

99. La poursuite des crimes et délits ne peut avoir lieu, à peine de nullité, que sur un ordre d'informer donné par le général commandant

---

(1). Voir le modèle de la plainte, page 62.

la circonscription, soit d'office, soit d'après les rapports. actes ou procès-verbaux dressés conformément aux articles précédents.

L'ordre d'informer est donné par le ministre de la guerre, si l'inculpé est colonel, officier général ou maréchal de France.

100. L'ordre d'informer pour chaque affaire est adressé au commissaire du Gouvernement près le conseil de guerre qui doit en connaître, avec les rapports, procès-verbaux, pièces, objets saisis et autres documents à l'appui.

Le commissaire du Gouvernement transmet immédiatement toutes les pièces au rapporteur.

101. Le rapporteur procède à l'interrogatoire du prévenu.

Il interroge sur ses nom, prénoms, âge, lieu de naissance, profession, domicile, et sur les circonstances du délit ; il lui fait représenter toutes les pièces pouvant servir à conviction, et il l'interpelle pour qu'il ait à déclarer s'il les reconnaît.

S'il y a plusieurs prévenus du même délit, chacun d'eux est interrogé séparément, sauf à les confronter, s'il y a lieu.

L'interrogatoire fini, il en est donné lecture au prévenu, afin qu'il déclare si ses réponses ont été fidèlement transcrites, si elles contiennent la vérité et s'il y persiste. L'interrogatoire est signé par le prévenu et clos par la signature du rapporteur et celle du greffier.

Si le prévenu refuse de signer, mention est faite de son refus.

Il est pareillement donné lecture au prévenu des procès-verbaux de l'information.

102. Le rapporteur cite les témoins par le ministère des agents de la force publique et les entend ; il décerne les commissions rogatoires et fait les autres actes d'instruction que l'affaire peut exiger, en se conformant aux articles 73, 74, 75, 76, 78, 79, 82, 83 et 85 du Code d'instruction criminelle. (*Voir annexe n° 2*).

Si les témoins résident hors du lieu où se fait l'information, le rapporteur peut requérir, par commission rogatoire, soit le rapporteur près le conseil de guerre, soit le juge d'instruction, soit le juge de paix du lieu dans lequel ces témoins sont résidants, à l'effet de recevoir leur déposition.

Le rapporteur saisi de l'affaire peut également adresser des commissions rogatoires aux fonctionnaires ci-dessus mentionnés, lorsqu'il faut procéder hors du lieu où se fait l'information, soit aux recherches prévues par l'article 86 du présent Code, soit à tout autre acte d'instruction (*V. annexe n° 2*).

103. Toute personne citée pour être entendue en témoignage est tenue de comparaître et de satisfaire à la citation. Si elle ne comparaît

pas, le rapporteur peut, sur les conclusions du commissaire du Gouvernement, sans autre formalité ni délai, prononcer une amende qui n'excède pas cent francs, et peut ordonner que la personne citée sera contrainte par corps à venir donner son témoignage.

Le témoin ainsi condamné à l'amende sur le premier défaut, et qui, sur la seconde citation, produira devant le rapporteur des excuses légitimes, pourra, sur les conclusions du commissaire du Gouvernement, être déchargé de l'amende.

104. Si les déclarations ont été recueillies par un magistrat ou un officier de police judiciaire avant l'ordre d'informer, le rapporteur peut se dispenser d'entendre ou de faire entendre les témoins qui auront déjà déposé.

105. Si le prévenu n'est pas arrêté, le rapporteur peut décerner contre lui, soit un mandat de comparution, soit un mandat d'amener.

Le mandat est adressé par le commissaire du Gouvernement au commandant militaire du lieu, qui le fait exécuter.

Après l'interrogatoire du prévenu, le mandat de comparution ou d'amener peut être converti en mandat de dépôt.

Le mandat de dépôt est exécuté sur l'exhibition qui en est faite au concierge de la prison.

Le commissaire du Gouvernement rend compte au général commandant la circonscription des mandats de comparution, d'amener ou de dépôt, qui ont été décernés par le rapporteur.

106. S'il résulte de l'instruction que le prévenu a des complices justiciables des conseils de guerre, le rapporteur en réfère, par l'intermédiaire du commissaire du Gouvernement, au général commandant la circonscription, et il est procédé à l'égard des prévenus de complicité conformément à l'article 99.

Si les complices, ou l'un d'eux, ne sont pas justiciables des conseils de guerre, le commissaire du Gouvernement en donne avis sur-le-champ au général commandant la circonscription, qui renvoie l'affaire à l'autorité compétente.

107. Pendant le cours de l'instruction, le commissaire du Gouvernement peut prendre connaissance des pièces de la procédure et faire toutes les réquisitions qu'il juge convenables.

SECTION II. — *De la mise en jugement et de la convocation du conseil de guerre.*

108. L'instruction terminée, le rapporteur transmet les pièces, avec son rapport et son avis, au commissaire du Gouvernement, lequel

les adresse immédiatement, avec ses conclusions, au général commandant la circonscription, qui prononce sur la mise en jugement. (1).

Lorsque c'est le ministre de la guerre qui a donné l'ordre d'informer, les pièces lui sont adressées par le général commandant la circonscription, et il statue directement sur la mise en jugement.

109. L'ordre de mise en jugement, ou, suivant le cas, l'ordonnance de non-lieu, est adressé au commissaire du Gouvernement avec toutes les pièces de la procédure.

S'il y a mise en jugement, le commissaire du Gouvernement, trois jours au moins avant la réunion du conseil de guerre, notifie cet ordre à l'accusé, en lui faisant connaître le crime ou le délit pour lequel il est mis en jugement, le texte de la loi applicable, et les noms des témoins qu'il se propose de faire citer.

Il l'avertit, en outre, à peine de nullité, que, s'il ne fait pas choix d'un défenseur, il lui en sera nommé un d'office par le président.

110. Le défenseur doit être pris, soit parmi les militaires, soit parmi les avocats et les avoués, à moins que l'accusé n'obtienne du président la permission de prendre pour défenseur un de ses parents ou amis.

111. Le général commandant la circonscription, en adressant l'ordre de mise en jugement, ordonne de convoquer le conseil de guerre et fixe le jour et l'heure de sa réunion. Il en donne avis au président et au commissaire du Gouvernement, qui fait les convocations nécessaires.

112. Le défenseur de l'accusé peut communiquer avec lui aussitôt l'accomplissement des formalités prescrites par l'article 109 ; il peut aussi prendre communication sans déplacement ou obtenir copie à ses frais de tout ou partie des pièces de la procédure, sans néanmoins que la réunion du conseil puisse être retardée.

SECTION III. — *De l'examen et du jugement.*

113. Le conseil de guerre se réunit au jour et à l'heure fixés par l'ordre de convocation.

Des exemplaires du présent Code, du Code d'instruction criminelle et du Code pénal ordinaire sont déposés sur le bureau.

---

(1) L'ordre d'informer doit mentionner exactement et successivement les faits de nature à motiver les poursuites.

C'est seulement sur les faits délictueux indiqués dans l'ordre d'informer que le rapporteur doit diriger son instruction, et, lorsque au cours de la dite instruction des charges nouvelles viennent à se produire contre l'inculpé, il y a pour ce magistrat militaire, obligation, à peine de nullité, de provoquer un supplément d'ordre d'informer. (C° M. du 9 Décembre 1880).

Les séances sont publiques, à peine de nullité ; néanmoins, si cette publicité paraît dangereuse pour l'ordre ou pour les mœurs, le conseil ordonne que les débats aient lieu à huis clos. Dans tous les cas, le jugement est prononcé publiquement.

Le conseil peut interdire le compte rendu de l'affaire ; cette interdiction ne peut s'appliquer au jugement.

114. Le président a la police de l'audience.

115. Les assistants sont sans armes ; ils se tiennent découverts, dans le respect et le silence. Lorsque les assistants donnent des signes d'approbation ou d'improbation, le président les fait expulser. S'ils résistent à ses ordres, le président ordonne leur arrestation et leur détention pendant un temps qui ne peut excéder quinze jours. Les individus justiciables des conseils de guerre sont conduits dans la prison militaire, et les autres individus à la maison d'arrêt civile. Il est fait mention dans le procès-verbal de l'ordre du président ; et, sur l'exhibition qui est faite de cet ordre au gardien de la prison, les perturbateurs y sont reçus.

Si le trouble ou le tumulte a pour but de mettre obstacle au cours de la justice, les perturbateurs, quels qu'ils soient, sont, audience tenante, déclarés coupables de rébellion par le conseil de guerre, et punis d'un emprisonnement qui ne peut excéder deux ans.

Lorsque les assistants ou les témoins se rendent coupables, envers le conseil de guerre ou l'un de ses membres, de voies de fait ou d'outrages ou menaces par propos ou gestes, ils sont condamnés séance tenante :

1° S'ils sont militaires ou assimilés aux militaires, quels que soient leurs grades ou rangs, aux peines prononcées par le présent Code contre les crimes ou délits, lorsqu'ils ont été commis envers des supérieurs pendant le service ;

2° S'ils ne sont ni militaires, ni assimilés aux militaires, aux peines portées par le Code pénal ordinaire.

116. Lorsque des crimes ou des délits autres que ceux prévus par l'article précédent sont commis dans le lieu des séances, il est procédé de la manière suivante :

1° Si l'auteur du crime ou du délit est justiciable des tribunaux militaires, il est jugé immédiatement ;

2° Si l'auteur du crime ou du délit n'est point justiciable des tribunaux militaires, le président, après avoir fait dresser procès-verbal des faits et des dépositions des témoins, renvoie les pièces et l'inculpé devant l'autorité compétente.

117. Le président fait amener l'accusé, lequel comparaît sous garde suffisante, libre et sans fers, assisté de son défenseur ; il lui demande ses nom et prénoms, son âge, sa profession, sa demeure et le lieu de sa naissance ; si l'accusé refuse de répondre, il est passé outre.

118. Si l'accusé refuse de comparaître, sommation d'obéir à la justice lui est faite au nom de la loi par un agent de la force publique commis à cet effet par le président. Cet agent dresse procès-verbal de la sommation et de la réponse de l'accusé. Si l'accusé n'obtempère pas à la sommation, le président peut ordonner qu'il soit amené par la force devant le conseil ; il peut également, après lecture faite à l'audience du procès-verbal constatant sa résistance, ordonner que, nonobstant son absence, il soit passé outre aux débats.

Après chaque audience, il est, par le greffier du conseil de guerre, donné lecture, à l'accusé qui n'a pas comparu, du procès-verbal des débats, et il lui est signifié copie des réquisitions du commissaire du Gouvernement, ainsi que des jugements rendus, qui sont tous réputés contradictoires.

119. Le président peut faire retirer de l'audience et reconduire en prison tout accusé qui, par des clameurs ou par tout autre moyen propre à causer du tumulte, met obstacle au libre cours de la justice, et il est procédé aux débats et au jugement comme si l'accusé était présent. L'accusé peut être condamné, séance tenante, pour ce seul fait, à un emprisonnement qui ne peut excéder deux ans.

Si l'accusé militaire ou assimilé aux militaires se rend coupable de voies de fait, ou d'outrages ou menaces par propos ou gestes, envers le conseil ou l'un de ses membres, il est condamné, séance tenante, aux peines prononcées par le présent Code contre ces crimes ou délits, lorsqu'ils ont été commis envers des supérieurs pendant le service.

Dans le cas prévu par le paragraphe précédent, si l'accusé n'est ni militaire, ni assimilé aux militaires, il est condamné aux peines portées par le Code pénal ordinaire.

120. Dans les cas prévus par les articles 115, 116 et 119 du présent Code, le jugement rendu, le greffier en donne lecture à l'accusé et l'avertit du droit qu'il a de former un recours en révision dans les vingt-quatre heures. Il dresse procès-verbal, le tout à peine de nullité.

121. Le président fait lire par le greffier l'ordre de convocation, le rapport prescrit par l'article 108 du présent Code, et les pièces dont il paraît nécessaire de donner connaissance au conseil ; il fait connaître à l'accusé le crime ou le délit pour lequel il est poursuivi ; il l'avertit que la loi lui donne le droit de dire tout ce qui est utile à sa défense ;

il avertit aussi le défenseur de l'accusé qu'il ne peut rien dire contre sa conscience ou contre le respect qui est dû aux lois, et qu'il doit s'exprimer avec décence et modération.

122. Aucune exception tirée de la composition du conseil, aucune récusation, ne peuvent être proposées contre les membres du conseil de guerre, sans préjudice du droit pour l'accusé de former un recours en révision, dans les cas prévus par l'article 74, n° 1, du présent Code.

123. Si l'accusé a des moyens d'incompétence à faire valoir, il ne peut les proposer devant le conseil de guerre qu'avant l'audition des témoins.

Cette exception est jugée sur-le-champ.

Si l'exception est rejetée, le conseil passe au jugement de l'affaire, sauf à l'accusé à se pourvoir contre le jugement sur la compétence en même temps que contre la décision rendue sur le fond.

Il en est de même pour le jugement de toute autre exception ou de tout incident soulevé dans le cours des débats.

124. Les jugements sur les exceptions, les moyens d'incompétence et les incidents sont rendus à la majorité des voix.

125. Le président est investi d'un pouvoir discrétionnaire pour la direction des débats et la découverte de la vérité.

Il peut, dans le cours des débats, appeler, même par mandat de comparution et d'amener, toute personne dont l'audition lui parait nécessaire ; il peut aussi faire apporter toute pièce qui lui paraîtrait utile à la manifestation de la vérité.

Les personnes ainsi appelées ne prêtent pas serment, et leurs déclarations ne sont considérées que comme renseignements.

126. Dans le cas où l'un des témoins ne se présente pas, le conseil de guerre peut passer outre aux débats, et lecture est donnée de la déposition du témoin absent.

127. Si, d'après les débats, la déposition d'un témoin parait fausse, le président peut, sur la réquisition, soit du commissaire du Gouvernement, soit de l'accusé, et même d'office, faire sur-le-champ mettre le témoin en état d'arrestation. Si le témoin est justiciable des conseils de guerre, le président, ou l'un des juges nommés par lui, procède à l'instruction. Quand elle est terminée, elle est envoyée au général commandant la circonscription.

Si le témoin n'est pas justiciable des conseils de guerre, le président, après avoir dressé procès-verbal et avoir fait arrêter l'inculpé, s'il y a lieu, le renvoie, avec le procès-verbal, devant le procureur de la République du lieu où siège le conseil de guerre.

128. Les dispositions des articles 315, 316, 317, 318, 319, 320, 321, 322, 323, 324, 325, 326, 327, 328, 329, 332, 333, 334, 354, 355 du Code d'instruction criminelle, sont observées devant les conseils de guerre (*V. annexe n° 2*).

129. L'examen et les débats sont continués sans interruption, et le président ne peut les suspendre que pendant les intervalles nécessaires pour le repos des juges, des témoins et des accusés.

Les débats peuvent être encore suspendus si un témoin dont la déposition est essentielle ne s'est pas présenté, ou si, la déclaration d'un témoin ayant paru fausse, son arrestation a été ordonnée, ou lorsqu'un fait important reste à éclaircir.

Le conseil prononce sur la suspension des débats à la majorité des voix, et, dans le cas où la suspension dure plus de quarante-huit heures, les débats sont recommencés en entier.

130. Le président procède à l'interrogatoire de l'accusé et reçoit les dépositions des témoins.

Le commissaire du Gouvernement est entendu dans ses réquisitions, et développe les moyens qui appuient l'accusation.

L'accusé et son défenseur sont entendus dans leur défense.

Le commissaire du Gouvernement réplique, s'il le juge convenable ; mais l'accusé et son défenseur ont toujours la parole les derniers.

Le président demande à l'accusé s'il n'a rien à ajouter à sa défense, et déclare ensuite que les débats sont terminés.

131. Le président fait retirer l'accusé.

Les juges se rendent dans la chambre du conseil, ou, si les localités ne le permettent pas, le président fait retirer l'auditoire.

Les juges ne peuvent plus communiquer avec personne ni se séparer avant que le jugement ait été rendu. Ils délibèrent hors de la présence du commissaire du Gouvernement et du greffier.

Ils ont sous les yeux les pièces de la procédure.

Le président recueille les voix, en commençant par le grade inférieur ; il émet son opinion le dernier.

132. Les questions sont posées par le président dans l'ordre suivant pour chacun des accusés :

1° L'accusé est-il coupable du fait qui lui est imputé ?

2° Ce fait a-t-il été commis avec telle ou telle circonstance aggravante ?

3° Ce fait a-t-il été commis dans telle ou telle circonstance qui le rend excusable d'après la loi ?

Si l'accusé est âgé de moins de seize ans, le président pose cette question : L'accusé a-t-il agi avec discernement ?

133. Les questions indiquées par l'article précédent ne peuvent être résolues contre l'accusé qu'à la majorité de cinq voix contre deux.

134. Si l'accusé est déclaré coupable, le conseil de guerre délibère sur l'application de la peine.

Dans le cas où la loi autorise l'admission de circonstances atténuantes, si le conseil de guerre reconnaît qu'il en existe en faveur de l'accusé, il le déclare à la majorité absolue des voix.

La peine est prononcée à la majorité de cinq voix contre deux.

Si aucune peine ne réunit cette majorité, l'avis le plus favorable sur l'application de la peine est adopté.

135. En cas de conviction de plusieurs crimes ou délits, la peine la plus forte est seule prononcée.

136. Le jugement est prononcé en séance publique. (1)

Le président donne lecture des motifs et du dispositif.

Si l'accusé n'est pas reconnu coupable, le conseil prononce son acquittement, et le président ordonne qu'il soit mis en liberté s'il n'est retenu pour autre cause.

Si le conseil de guerre déclare que le fait commis par l'accusé ne donne lieu à l'application d'aucune peine, il prononce son absolution, et le président ordonne qu'il sera mis en liberté à l'expiration du délai fixé pour le recours en révision.

---

(1) Les bulletins constatant les condamnations prononcées par les conseils de guerre et destinés à la constitution des casiers judiciaires doivent indiquer si le fait pour lequel la justice militaire a été mise en mouvement est puni par les lois militaires ou les lois ordinaires. (L. C. N° 519 du 3 décembre 1883).

En ce qui concerne les individus, condamnés par les conseils de guerre et qui doivent être remis à l'autorité civile pour subir leur peine, c'est-à-dire :

1° Ceux condamnés à une peine afflictive et infamante ou à une peine infamante dans le cas prévu par l'art. 177 du Code Pénal ;

2° Ceux qui, ayant été condamnés à une peine correctionnelle de deux ans d'emprisonnement et au-dessus, ont été, en outre, frappés de l'interdiction de tout ou partie de leurs droits civiques, civils ou de famille ;

3° Les indigènes non militaires de l'Algérie, justiciables des conseils de guerre, condamnés à une peine d'emprisonnement supérieure à quatre mois ;

Les Commissaires du Gouvernement près les conseils de guerre doivent établir et joindre à l'extrait de jugement une notice individuelle ayant pour but de renseigner les directeurs des établissements pénitentiaires sur le degré de moralité des détenus et de fournir à l'administration d'utiles indications pour la guider dans la préparation des propositions de grâce ou de libération conditionnelle. (C⁎ M. N° 102 du 30 mars 1893).

L'extrait d'arrêt des militaires condamnés aux travaux forcés doit être accompagné d'une notice individuelle contenant des indications précises et détaillées sur les antécédents du détenu ainsi que sur les faits qui ont motivé sa condamnation.

137. Tout individu acquitté ou absous ne peut être repris ni accusé à raison du même fait. (1)

138. Si le condamné est membre de l'ordre national de la Légion d'honneur ou décoré de la Médaille militaire, le jugement déclare, dans les cas prévus par les lois, qu'il cesse de faire partie de la Légion d'honneur ou d'être décoré de la Médaille militaire. (2)

139. Le jugement qui prononce une peine contre l'accusé le condamne aux frais envers l'Etat. Il ordonne, en outre, dans les cas prévus par la loi, la confiscation des objets saisis et la restitution, soit au profit de l'Etat, soit au profit des propriétaires, de tous objets saisis ou produits au procès comme pièces de conviction.

140. Le jugement fait mention de l'accomplissement de toutes les formalités prescrites par la présente section.

Il ne reproduit ni les réponses de l'accusé ni les dépositions des témoins.

Il contient les décisions rendues sur les moyens d'incompétence, les exceptions et les incidents.

Il énonce, à peine de nullité :

1° Les noms et grades des juges :

2° Les nom, prénoms, âge, profession et domicile de l'accusé ;

3° Le crime ou le délit pour lequel l'accusé a été traduit devant le conseil de guerre ;

4° La prestation de serment des témoins ;

5° Les réquisitions du commissaire du Gouvernement ;

6° Les questions posées, les décisions et le nombre des voix ;

Il est également utile de joindre à ce document un avis motivé du Président du conseil de guerre qui a prononcé la condamnation sur le lieu de la transportation auquel le condamné devra être affecté. (C^{re} M. N° 305 du 17 juillet 1890, portant envoi d'une C^{re} de M. le Garde des Sceaux).

Les condamnations portant déchéance du droit de vote doivent être notifiées à la diligence des Commissaires du Gouvernement près les conseils de guerre aux sous-préfets du lieu de naissance des condamnés ou aux préfets pour l'arrondissement chef-lieu. (Dép. M. N° 347, du 6 décembre 1875).

(1) L'action disciplinaire est indépendante de l'action publique (Arr. Cass. du 22 décembre 1827). Il en résulte qu'un gradé acquitté par le conseil de guerre peut être cassé de son grade. (C^{re} M. du 6 janvier 1873). Voir le renvoi 1 de la page 112.

(2) Il est à considérer qu'aucune condamnation infamante prononcée contre un militaire ne peut recevoir son exécution avant que ce militaire ait été dégradé, et que le jugement ne commence à recevoir son exécution et à produire ses effets qu'à partir de cette dégradation (art. 200 du C. de J. M.). Or, aux termes de l'art. 190 qui détermine le mode suivant lequel il est procédé à la dégradation militaire, le condamné doit être conduit devant la troupe revêtu de ses insignes et de ses décorations, lesquelles lui sont alors enlevées. C'est donc en définitive à ce moment que le condamné est dégradé tout à la fois, et comme soldat et comme membre de la Légion d'honneur ou décoré de la Médaille militaire. (Instruction Melle du 10 mars 1858).

7° Le texte de la loi appliquée ;

8° La publicité des séances ou la décision qui a ordonné le huis clos

9° La publicité de la lecture du jugement faite par le président.

Le jugement, écrit par le greffier, est signé sans désemparer par le président, les juges et le greffier.

141. Le commissaire du Gouvernement fait donner lecture du jugement à l'accusé par le greffier, en sa présence et devant la garde rassemblée sous les armes.

Aussitôt après cette lecture, il avertit le condamné que la loi lui accorde vingt-quatre heures pour exercer son recours devant le conseil de revision.

Le greffier dresse du tout un procès-verbal signé par lui et par le commissaire du Gouvernement.

142. Lorsqu'il résulte, soit des pièces produites, soit des dépositions des témoins entendus dans les débats, que l'accusé peut être poursuivi pour d'autres crimes ou délits que ceux qui ont fait l'objet de l'accusation, le conseil de guerre, après le prononcé du jugement, renvoie, sur les réquisitions du commissaire du Gouvernement, ou même d'office, le condamné au général qui a donné l'ordre de mise en jugement, pour être procédé, s'il y a lieu, à l'instruction. S'il y a eu condamnation, il est sursis à l'exécution du jugement.

S'il y a eu acquittement ou absolution, le conseil de guerre ordonne que l'accusé demeure en état d'arrestation jusqu'à ce qu'il ait été statué sur les faits nouvellement découverts.

143. Le délai de vingt-quatre heures accordé au condamné pour se pourvoir en revision court à partir de l'expiration du jour où le jugement lui a été lu.

La déclaration du recours est reçue par le greffier ou par le directeur de l'établissement où est détenu le condamné. La déclaration peut être faite par le défenseur du condamné.

144. Dans le cas d'acquittement ou d'absolution de l'accusé, l'annulation du jugement ne pourra être poursuivie par le commissaire du Gouvernement que conformément aux articles 409 et 410 du Code d'instruction criminelle. (*V. annexe n° 2*).

Le recours du commissaire du Gouvernement est formé, au greffe, dans le délai prescrit par l'article précédent.

145. S'il n'y a pas de recours en revision, et si, aux termes de l'article 80 du présent Code, le pourvoi en cassation est interdit, le jugement est exécutoire dans les vingt-quatre heures après l'expiration du délai fixé pour le recours.

S'il y a recours en révision, il est sursis à l'exécution du jugement.

146. Si le recours en révision est rejeté, et si, aux termes de l'article 80 du présent Code, le pourvoi en cassation est interdit, le jugement de condamnation est exécuté dans les vingt-quatre après la réception du jugement qui a rejeté le recours.

147. Lorsque la voie du pourvoi en cassation est ouverte, aux termes de l'article 81 du présent Code, le condamné doit former son pourvoi dans les trois jours qui suivent la notification de la décision du conseil de révision, et s'il n'y a pas eu recours devant ce conseil, dans les trois jours qui suivent l'expiration du délai accordé pour l'exercer.

Le pourvoi en cassation est reçu par le greffier ou par le directeur de l'établissement où est détenu le condamné.

148. Dans le cas où le pourvoi en cassation est autorisé par l'article 81 du présent Code, s'il n'y a pas eu pourvoi, le jugement de condamnation est exécuté dans les vingt-quatre heures après l'expiration du délai fixé pour le pourvoi, et, s'il y a eu pourvoi, dans les vingt-quatre heures après la réception de l'arrêt qui l'a rejeté.

149. Le commissaire du Gouvernement rend compte au général commandant la circonscription, suivant les cas, soit du jugement de rejet du conseil de révision, soit de l'arrêt de rejet de la Cour de cassation, soit du jugement du conseil de guerre, s'il n'y a eu, dans les délais, ni recours en révision ni pourvoi en cassation. Il requiert l'exécution du jugement.

150. Le général commandant la circonscription peut suspendre l'exécution du jugement, à la charge d'en informer sur-le-champ le ministre de la guerre.

151. Les jugements des conseils de guerre sont exécutés sur les ordres du général commandant la circonscription et à la diligence du commissaire du Gouvernement, en présence du greffier, qui dresse procès-verbal.

La minute de ce procès-verbal est annexée à la minute du jugement, en marge de laquelle il est fait mention de l'exécution.

Dans les trois jours de l'exécution, le commissaire du Gouvernement est tenu d'adresser une expédition du jugement au chef du corps dont faisait partie le condamné.

Si le condamné est membre de la Légion d'honneur, décoré de la Médaille militaire ou d'un ordre étranger, il est également adressé une expédition au grand chancelier.

Toute expédition du jugement de condamnation fait mention de l'exécution.

CHAPITRE II.

Procédure devant les conseils de guerre aux armées, dans les circons-
criptions territoriales en état de guerre, dans les communes et les
départements en état de siège et dans les places de guerre assiégées
ou investies.

152. La procédure établie pour les conseils de guerre dans les circonscriptions territoriales en état de paix est suivie dans les conseils
de guerre aux armées, dans les circonscriptions territoriales en état de
guerre, dans les communes et les départements en état de siège et dans
les places de guerre assiégées ou investies, sauf les modifications
portées dans les articles suivants.

153. Lorsqu'un officier de police judiciaire militaire, dans les cas
prévus par les articles 89 et 91 du présent Code, doit pénétrer dans un
établissement civil ou dans une habitation particulière, et qu'il ne se
trouve sur les lieux aucune autorité civile chargée de l'assister, il peut
passer outre, et mention en est faite dans le procès-verbal.

154. L'ordre d'informer est donné :

Par le général en chef à l'égard des inculpés justiciables du conseil
de guerre du quartier général de l'armée ;

Par le général commandant le corps d'armée à l'égard des inculpés
justiciables du conseil de guerre du corps d'armée ;

Par le général commandant la division à l'égard des inculpés justiciables du conseil de guerre de la division ;

Par le commandant du détachement de troupes à l'égard des inculpés
justiciables du conseil de guerre formé dans le détachement ;

Par le gouverneur ou commandant supérieur dans les places de
guerre assiégées ou investies.

155. L'ordre de mise en jugement et de convocation du conseil de
guerre est donné par l'officier qui a ordonné l'information.

156. Aux armées, dans les circonscriptions territoriales en état de
guerre et dans les places de guerre assiégées ou investies, l'accusé
peut être traduit directement, et sans instruction préalable, devant le
conseil de guerre.

La procédure est réglée comme il suit, à partir de l'ordre de mise en
jugement, qu'il y ait eu ou non instruction préalable :

1° La citation est faite à l'accusé vingt-quatre heures au moins avant
la réunion du conseil : elle contient notification de l'ordre de convocation ; elle indique, conformément à l'article 109, le crime ou le délit

pour lequel il est mis en jugement, le texte de la loi applicable, et les noms des témoins que le commissaire rapporteur se propose de faire entendre.

Le commissaire rapporteur désigne un défenseur d'office avant la citation. L'accusé peut en présenter un de son choix jusqu'à l'ouverture des débats ; la citation doit notifier à l'accusé le nom du défenseur désigné et l'avertir qu'il peut en choisir un autre.

2° Le défenseur peut prendre connaissance de l'affaire et de tous les documents et renseignements recueillis ; à partir du moment où la citation a été donnée, il peut communiquer avec l'accusé ;

3° Le conseil de guerre se réunit au jour indiqué et procède au jugement de l'accusé dans les formes prescrites par les articles 113 et suivants du présent Code. L'accusé a le droit, sans formalités ni citations préalables, de faire entendre à sa décharge tout témoin présent à l'audience et qu'il aura désigné au commissaire du Gouvernement rapporteur avant l'ouverture des débats ;

4° Les questions indiquées à l'article 132 sont résolues, et la peine est prononcée, à la majorité de cinq voix contre deux, ou de trois voix contre deux, selon que le conseil de guerre est composé de sept juges ou seulement de cinq ;

5° Le condamné pourra se pourvoir en revision dans le délai et suivant les formes prévues aux articles 143, 159 et suivants du présent Code, à moins que le droit de former ce recours n'ait été suspendu par application de l'article 71.

157. Le général en chef a, dans l'étendue de son commandement, toutes les attributions dévolues au ministre de la guerre dans les circonscriptions territoriales par les articles 99, 106, 108, et 150 du présent Code, sauf les cas prévus par les articles 209 et 210.

Les mêmes pouvoirs sont accordés au gouverneur et au commandant supérieur dans les places de guerre assiégées ou investies.

158. Les conseils de guerre aux armées, dans les circonscriptions territoriales en état de guerre, dans les communes et les départements en état de siége, et dans les places de guerre assiégées ou investies, statuent, séance tenante, sur tous les crimes et délits commis à l'audience, alors même que le coupable ne serait pas leur justiciable.

TITRE II.
PROCÉDURE DEVANT LES CONSEILS DE REVISION.

159. Après la déclaration du recours, le commissaire du Gouvernement près le conseil de guerre adresse sans retard au commissaire du Gouvernement près le conseil de revision une expédition du jugement

et de l'acte de recours. Il y joint les pièces de la procédure et la requête de l'accusé, si elle a été déposée.

160. Le commissaire du Gouvernement près le conseil de revision envoie sur-le-champ les pièces de la procédure au greffe du conseil, où elles restent déposées pendant vingt-quatre heures.

Le défenseur de l'accusé peut en prendre communication sans déplacement et produire avant le jugement les requêtes, mémoires et pièces qu'il juge utiles.

Le greffier tient un registre sur lequel il mentionne à leur date les productions faites par le commissaire du Gouvernement et par le condamné.

161. A l'expiration du délai de vingt-quatre heures, les pièces de l'affaire sont renvoyées par le président à l'un des juges pour en faire le rapport.

162. Le conseil de révision prononce dans les trois jours à dater du dépôt des pièces.

163. Dans le cas d'une des incapacités prévues par l'article 31 du présent Code, l'exception doit être proposée avant l'ouverture des débats, et elle est jugée par le conseil de revision, dont la décision est sans recours.

164. Le rapporteur expose les moyens de recours; il présente ses observations, sans toutefois faire connaître son opinion. Après le rapport, le défenseur du condamné est entendu ; il ne peut plaider sur le fond de l'affaire.

Le commissaire du Gouvernement discute les moyens présentés dans la requête ou à l'audience, ainsi que ceux qu'il croit devoir proposer d'office, et il donne ses conclusions, sur lesquelles le défenseur est admis à présenter des observations.

165. Les juges se retirent dans la chambre du conseil ; si les localités ne le permettent pas, ils font retirer l'auditoire ; ils délibèrent hors de la présence du commissaire du Gouvernement et du greffier.

Ils statuent, sans désemparer et à la majorité des voix, sur chacun des moyens proposés.

Le président recueille les voix, en commençant par le grade inférieur. Toutefois, le rapporteur opine toujours le premier.

Le jugement est motivé. En cas d'annulation, le texte de la loi violée ou faussement appliquée est transcrit dans le jugement.

Le jugement est prononcé, par le président, en audience publique.

La minute est signée par le président et par le greffier.

166. Si le recours est rejeté, le commissaire du Gouvernement transmet le jugement du conseil de révision et les pièces au commissaire du Gouvernement près le conseil de guerre qui a rendu le jugement, et il en donne avis au général commandant la circonscription.

167. Si le conseil de révision annule le jugement pour incompétence, il prononce le renvoi devant la juridiction compétente, et, s'il l'annule pour tout autre motif, il renvoie l'affaire devant le conseil de guerre de la circonscription qui n'en a pas connu, ou, à défaut d'un second conseil de guerre dans la circonscription, devant celui d'une des circonscriptions voisines.

168. Le commissaire du Gouvernement près le conseil de révision envoie au commissaire du Gouvernement près le conseil de guerre dont le jugement est annulé une expédition du jugement d'annulation.

Ce jugement est, à la diligence du commissaire du Gouvernement, transcrit sur les registres du conseil de guerre. Il en est fait mention en marge du jugement annulé.

169. Le commissaire du Gouvernement près le conseil de révision transmet sans délai les pièces du procès, avec une expédition du jugement d'annulation, au commissaire du Gouvernement près le conseil de guerre devant lequel l'affaire est renvoyée.

Si le jugement a été annulé pour cause d'incompétence de la juridiction militaire, les pièces sont transmises au procureur de la République près le tribunal du lieu où siège le conseil de révision. Il est procédé pour le surplus comme à l'article 98 du présent Code.

170. Si l'annulation a été prononcée pour inobservation des formes, la procédure est recommencée à partir du premier acte nul. Il est procédé à de nouveaux débats.

Néanmoins, si l'annulation n'est prononcée que pour fausse applica-cation de la peine aux faits dont l'accusé a été déclaré coupable, la déclaration de la culpabilité est maintenue, et l'affaire n'est renvoyée devant le nouveau conseil de guerre que pour l'application de la peine.

171. Si le deuxième jugement est annulé, l'affaire doit être renvoyée devant un conseil de guerre qui n'en ait point connu.

172. Les dispositions des articles 110, 113, 114 et 115 du présent Code, relatifs aux conseils de guerre, sont applicables aux conseils de révision.

Dans les cas prévus par l'article 116, il est procédé comme au dernier paragraphe de cet article.

Dans tous les cas, les décisions sont prises à la majorité indiquée par l'article 165.

TITRE III.
PROCÉDURE DEVANT LES PRÉVÔTÉS.

173. Les prévôtés sont saisies par le renvoi que leur fait l'autorité militaire ou par la plainte de la partie lésée.

Dans le cas de flagrant délit, ou même en cas d'urgence, elles peuvent procéder d'office.

174. Les prévenus sont amenés devant l a prévôté, qui juge publiquement.

La partie plaignante expose sa demande.

Les témoins prêtent serment.

Les prévenus présentent leur défense.

Le jugement est motivé, il est signé par le prévôt et par le greffier ; il est exécutoire sur minute.

TITRE IV.
DE LA CONTUMACE ET DES JUGEMENTS PAR DÉFAUT. (1)

175. Lorsque après l'ordre de mise en jugement l'accusé d'un fait qualifié crime n'a pu être saisi, ou lorsque, après avoir été saisi, il s'est évadé, le président du conseil de guerre rend une ordonnance indiquant le crime pour lequel l'accusé est poursuivi, et portant qu'il sera tenu de se présenter dans un délai de dix jours.

Cette ordonnance est mise à l'ordre du jour.

176. Après l'expiration du délai de dix jours à partir de la mise à l'ordre du jour de l'ordonnance du président, il est procédé, sur l'ordre du général commandant la circonscription, au jugement par contumace.

Nul défenseur ne peut se présenter pour l'accusé contumax.

Les rapports et procès-verbaux, la déposition des témoins et les autres pièces de l'instruction sont lus en entier à l'audience.

Le jugement est rendu dans la forme ordinaire, mis à l'ordre du jour et affiché à la porte du lieu où siège le conseil de guerre et à la mairie du domicile du condamné.

Le greffier et le maire dressent procès-verbal, chacun en ce qui le concerne.

Ces formalités tiennent lieu de l'exécution du jugement par effigie.

177. Le recours en révision contre les jugements par contumace n'est ouvert qu'au commissaire du Gouvernement.

_____

(1) On entend par contumax l'accusé absent qui est poursuivi pour fait qualifié crime, et par défaillant celui qui est poursuivi pour délit.

178. Les articles 471, 474, 475, 476, 477 et 478 du *Code d'instruction criminelle* sont applicables aux jugements par contumace rendus par les conseils de guerre (*V. annexe N° 2*).

179. Lorsqu'il s'agit d'un fait qualifié délit par la loi, si l'accusé n'est pas présent, il est jugé par défaut.

Le jugement rendu dans la forme ordinaire est mis à l'ordre du jour de la place, affiché à la porte du lieu où siège le conseil de guerre, et signifié à l'accusé ou à son domicile.

Dans les cinq jours, à partir de la signification, outre un jour par cinq myriamètres, l'accusé peut former opposition.

Ce délai expiré sans qu'il ait été formé d'opposition, le jugement est réputé contradictoire.

TITRE V.
DISPOSITIONS GÉNÉRALES.

180. La reconnaissance de l'identité d'un individu condamné par un conseil de guerre, évadé et repris, est faite par le conseil de guerre de la circonscription où se trouve le corps dont fait partie le condamné.

Si le condamné n'appartient à aucun corps, la reconnaissance est faite par le conseil de guerre qui a prononcé la condamnation, et, si le conseil a cessé ses fonctions, par le conseil de guerre de la circonscription sur le territoire de laquelle le condamné a été repris.

Le conseil statue sur la reconnaissance en audience publique, en présence de l'individu repris, après avoir entendu les témoins appelés tant par le commissaire du Gouvernement que par l'individu repris ; le tout à peine de nullité.

Le commissaire du Gouvernement et l'individu repris ont la faculté de se pourvoir en revision contre le jugement qui statue sur la reconnaissance de l'identité.

Les dispositions des paragraphes 1 et 2 ci-dessus sont applicables au jugement des condamnés par contumace qui se représentent ou qui sont arrêtés.

181. Lorsque après l'annulation d'un jugement, un second jugement rendu contre le même accusé est annulé pour les mêmes motifs que le premier, l'affaire est renvoyée devant un conseil de guerre d'une des circonscriptions voisines. Ce conseil doit se conformer à la décision du conseil de revision sur le point de droit.

Toutefois, s'il s'agit de l'application de la peine, il doit adopter l'interprétation la plus favorable à l'accusé.

Le troisième jugement ne peut plus être attaqué par les mêmes moyens, si ce n'est par la voie de cassation dans l'intérêt de la loi, aux termes des articles 441 et 442 du Code d'instruction criminelle. (*V. annexe n° 2*).

182. Lorsque les conseils de guerre ou de revision aux armées, dans les circonscriptions territoriales en état de guerre, dans les communes et les departements en état de siège et dans les places de guerre assiégées ou investies, cessent leurs fonctions, les affaires dont l'information est commencée sont portées devant les conseils de guerre des circonscriptions territoriales désignées par le ministre de la guerre.

183. Toutes assignations, citations et notifications aux témoins, inculpés ou accusés, sont faites sans frais par la gendarmerie ou par tous autres agents de la force publique.

184. Les dispositions du chapitre 5 du titre VII du livre II du Code d'instruction criminelle, relatives à la prescription, sont applicables à l'action publique résultant d'un crime ou délit de la compétence des juridictions militaires, ainsi qu'aux peines résultant des jugements rendus par ces tribunaux (*V. annexe n° 2*).

Toutefois, la prescription contre l'action publique résultant de l'insoumission ou de la désertion ne commence à courir que du jour où l'insoumis ou le déserteur a atteint l'âge de quarante-sept ans. (1)

A quelque époque que l'insoumis ou le déserteur soit arrêté, il est mis à la disposition du ministre de la guerre pour compléter, s'il y a lieu, le temps de service qu'il doit encore à l'Etat.

LIVRE IV.
DES CRIMES, DES DÉLITS ET DES PEINES.

TITRE PREMIER.
DES PEINES ET DE LEURS EFFETS.

185. Les peines qui peuvent être appliquées par les tribunaux militaires en matière de crime sont :

La mort,

Les travaux forcés à perpétuité,

La déportation,

---

(1) La prescription n'est donc acquise qu'à cinquante ans pour les déserteurs et insoumis à l'intérieur et à l'étranger en temps de paix (*délits punis correctionnellement par le Code de J. M*) et à cinquante-sept ans dans tous les autres cas.

Néanmoins la prescription est acquise aux déserteurs et insoumis qui ont pris du service dans les armées étrangères, trois ans après la perte de leur qualité de français (*L. M. du 30 mai 1882*).

Les travaux forcés à temps,
La détention,
La réclusion,
Le bannissement,
La dégradation militaire.

186. Les peines en matière de délit sont :
La destitution,
Les travaux publics,
L'emprisonnement,
L'amende.

187. Tout individu condamné à la peine de mort par un conseil de guerre est fusillé.

188. Lorsque la condamnation à la peine de mort est prononcée contre un militaire en vertu des lois pénales ordinaires, elle entraîne de plein droit la dégradation militaire.

189. Les peines des travaux forcés, de la déportation, de la détention, de la reclusion et du bannissement sont appliquées conformément aux dispositions du Code pénal ordinaire.

Elles ont les effets déterminés par ce Code et emportent, en outre, la dégradation militaire (*V. annexe n° 2*).

190. Tout militaire qui doit subir la dégradation militaire, soit comme peine principale, soit comme accessoire d'une peine autre que la mort, est conduit devant la troupe sous les armes. Après la lecture du jugement, le commandant prononce ces mots à haute voix : « N*** N*** (nom et prénoms du condamné), vous êtes indigne de porter les armes ; *De par la loi*, nous vous dégradons. »

Aussitôt après, tous les insignes militaires et les décorations dont le condamné est revêtu sont enlevés ; et, s'il est officier, son épée est brisée et jetée à terre devant lui.

La dégradation militaire entraîne :

1° La privation du grade et du droit d'en porter les insignes et l'uniforme ;

2° L'incapacité absolue de servir dans l'armée, à quelque titre que ce soit, et les autres incapacités prononcées par les articles 28 et 34 du Code pénal ordinaire (*V. annexe n° 2*) ;

3° La privation du droit de porter aucune décoration, et la déchéance de tout droit à pension et à récompense pour les services antérieurs.

191. La dégradation militaire, prononcée comme peine principale, est toujours accompagnée d'un emprisonnement dont la durée, fixée par le jugement, n'excède pas cinq années.

192. La destitution entraîne la privation du grade ou du rang, et du droit d'en porter les insignes distinctifs et l'uniforme.

L'officier destitué ne peut obtenir ni pensions ni récompenses à raison de ses services antérieurs. (1)

193. Le condamné à la peine des travaux publics est conduit à la parade revêtu de l'habillement déterminé par les règlements.

Il y entend devant les troupes la lecture de son jugement.

Il est employé aux travaux d'utilité publique. Il ne peut, en aucun cas, être placé dans les mêmes ateliers que les condamnés aux travaux forcés.

La durée de la peine est de deux ans au moins et de dix ans au plus.

194. La durée de l'emprisonnement est de six jours au moins et de cinq ans au plus.

195. Lorsque les lois prononcent la peine de l'amende, les tribunaux militaires peuvent remplacer cette peine par un emprisonnement de six jours à six mois.

196. Dans les cas prévus par les articles 76, 77, 78 et 79 du présent Code, le tribunal compétent applique aux militaires et aux individus assimilés aux militaires les peines prononcées par les lois militaires, aux individus appartenant à l'armée de mer les peines prononcées par les lois maritimes, et à tous autres individus les peines prononcées par les lois ordinaires, à moins qu'il n'en soit autrement ordonné par une disposition expresse de la loi.

Les peines prononcés contre les militaires sont exécutées conformément aux dispositions du présent Code et à la diligence de l'autorité militaire. (2)

197. Dans les mêmes cas, si les individus non militaires et non assimilés aux militaires sont déclarés coupables d'un crime ou d'un délit non prévu par les lois pénales ordinaires, ils sont condamnés aux peines portées par le présent Code contre ce crime ou ce délit.

---

(1) Même si l'officier destitué avait plus de trente ans de service. Cependant, dit Foucher (*Commentaires du Code de J. M.* page 187), la destitution ne peut produire la perte du droit à toute pension qu'autant qu'elle a été prononcée par jugement et en conformité de l'art. 192, quelle que soit du reste la juridiction qui l'aurait appliquée; mais cet effet ne pourrait être la conséquence de droit de l'absence illégale d'un officier pendant trois mois, ou d'un officier en activité, en disponibilité ou en non-activité, pour résidence hors du territoire national sans autorisation du chef de l'État, après 15 jours d'absence, si cette absence illégale n'avait pas été l'objet d'une poursuite judiciaire ou d'une décision du conseil de guerre prononçant la destitution aux termes des articles 233 et 237 du Code militaire.

(2) Voir le décret du 4 octobre 1801, sur le service des places, art. 123, 127 et 128.

Toutefois, les peines militaires sont remplacées, à leur égard, ainsi qu'il suit:

1° La dégradation militaire prononcée comme peine principale, par la dégradation civique ;

2° La destitution et les travaux publics, par un emprisonnement de un an à cinq ans.

198. Lorsque des individus non militaires ou non assimilés aux militaires sont traduits devant un conseil de guerre, ce conseil peut leur faire application de l'article 463 du Code pénal ordinaire (*V. annexe n° 2*).

199. Les dispositions des articles 66, 67 et 69 du Code pénal ordinaire, concernant les individus âgés de moins de seize ans, sont observées par les tribunaux militaires (*V. annexe n° 2*).

S'il est décidé que l'accusé a agi avec discernement, les peines de la dégradation militaire, de la destitution et des travaux publics, sont remplacées par un emprisonnement d'un an à cinq ans dans une maison de correction.

200. Les peines prononcées par les tribunaux militaires commencent à courir, savoir :

Celle des travaux forcés, de la déportation, de la détention, de la reclusion et du bannissement, à partir du jour de la dégradation militaire :

Celle des travaux publics, à partir du jour de la lecture du jugement devant les troupes.

Les autres peines comptent du jour où la condamnation est devenue irrévocable. Toutefois, si le condamné à l'emprisonnement n'est pas détenu, la peine court du jour où il est écroué.

201. Toute condamnation prononcée contre un officier, par quelque tribunal que ce soit, pour l'un des délits prévus par les articles 401, 402, 403, 405, 406, 407 et 408 du Code pénal ordinaire, entraîne la perte du grade (*V. annexe n° 2*). (1)

---

(1) Ces articles répriment le vol, la filouterie, la banqueroute, la complicité de banqueroute frauduleuse, l'emploi de faux noms ou de fausses qualités, l'abus de confiance, l'abus de blanc-seing, le faux, le détournement d'effets ou de valeurs.

Les sous-officiers, caporaux ou brigadiers condamnés à une peine correctionnelle de trois mois de prison et au-dessous doivent être, en principe, cassés de leur grade, ou, s'il s'agit d'un adjudant, remis à un emploi inférieur du grade de sous-officier.

Sont seuls signalés au ministre les militaires proposés par exception, pour conserver leur grade après condamnation.

Les sous-officiers, caporaux ou brigadiers condamnés à une peine correctionnelle de plus de trois mois de prison doivent toujours perdre leur grade (*D. M. N° 30 du 16 janvier 1873*).

Néanmoins il y a lieu d'observer qu'un sous-officier rengagé ne peut être cassé ou rétrogradé que sur l'avis conforme d'un conseil d'enquête. (*Loi du 18 Mars 1889, art. 6*).

202. Les articles 2, 3, 59, 60, 61, 62, 63, 64 et 65 du Code pénal ordinaire, relatifs à la tentative de crime ou de délit, à la complicité et aux cas d'excuses, sont applicables devant les tribunaux militaires, sauf les dérogations prévues par le présent Code (*V. annexe n° 3*).

203. Les fonctionnaires, agents, employés militaires et autres assimilés aux militaires sont, pour l'application des peines, considérés comme officiers, sous-officiers ou soldats, suivant le grade auquel leur rang correspond.

TITRE II.
DES CRIMES, DES DÉLITS ET DE LEUR PUNITION

CHAPITRE Ier.
Trahison, espionnage et embauchage.

204. Est puni de mort, avec dégradation militaire, tout militaire français, ou au service de la France, qui porte les armes contre la France.

Est puni de mort tout prisonnier de guerre qui, ayant faussé sa parole, est repris les armes à la main.

205. Est puni de mort, avec dégradation militaire, tout militaire :

1° Qui livre à l'ennemi, ou dans l'intérêt de l'ennemi, soit la troupe qu'il commande, soit la place qui lui est confiée, soit les approvisionnements de l'armée, soit les plans des places de guerre ou des arsenaux maritimes, des ports ou rades, soit le mot d'ordre ou le secret d'une opération, d'une expédition ou d'une négociation ;

2° Qui entretient des intelligences avec l'ennemi, dans le but de favoriser ses entreprises ;

3° Qui participe à des complots dans le but de forcer le commandant d'une place assiégée à se rendre ou à capituler ;

4° Qui provoque à la fuite ou empêche le ralliement en présence de l'ennemi.

206. Est considéré comme espion, et puni de mort, avec dégradation militaire :

1° Tout militaire qui s'introduit dans une place de guerre, dans un poste ou établissement militaire, dans les travaux, camps, bivouacs ou cantonnements d'une armée, pour s'y procurer des documents ou renseignements dans l'intérêt de l'ennemi ;

2° Tout militaire qui procure à l'ennemi des documents ou renseignements susceptibles de nuire aux opérations de l'armée ou de compromettre la sûreté des places, postes ou autres établissements militaires.

3° Tout militaire qui, sciemment, recèle ou fait recéler les espions ou les ennemis envoyés à la découverte.

207. Est puni de mort tout ennemi qui s'introduit déguisé dans un des lieux désignés en l'article précédent.

208. Est considéré comme embaucheur et puni de mort tout individu convaincu d'avoir provoqué des militaires à passer à l'ennemi ou aux rebelles armés, de leur en avoir sciemment facilité les moyens, ou d'avoir fait des enrôlements pour une puissance en guerre avec la France.

Si le coupable est militaire, il est en outre puni de la dégradation militaire.

CHAPITRE II.
Crimes ou délits contre le devoir militaire.

209. Est puni de mort, avec dégradation militaire, tout gouverneur ou commandant qui, mis en jugement après avis d'un conseil d'enquête, est reconnu coupable d'avoir capitulé avec l'ennemi et rendu la place qui lui était confiée, sans avoir épuisé tous les moyens de défense dont il disposait, et sans avoir fait tout ce que prescrivaient le devoir et l'honneur.

210. Tout général, tout commandant d'une troupe armée, qui capitule en rase campagne, est puni :

1° De la peine de mort, avec dégradation militaire, si la capitulation a eu pour résultat de faire poser les armes à sa troupe, ou si, avant de traiter verbalement ou par écrit, il n'a pas fait tout ce qui prescrivaient le devoir et l'honneur ;

2° De la destitution, dans tous les autres cas.

211. Tout militaire qui, étant en faction ou en vedette, abandonne son poste sans avoir rempli sa consigne, est puni :

1° De la peine de mort, s'il était en présence de l'ennemi ou de rebelles armés ;

2° De deux à cinq ans de travaux publics, si, hors le cas prévu par le paragraphe précédent, il était sur un territoire en état de guerre ou en état de siège ;

3° D'un emprisonnement de deux mois à un an, dans tous les autres cas.

212. Tout militaire qui, étant en faction ou en vedette, est trouvé endormi, est puni :

1° De deux à cinq ans de travaux publics, s'il était en présence de l'ennemi ou de rebelles armés ;

2° De six mois à un an d'emprisonnement, si, hors le cas prévu par le paragraphe précédent, il était sur un territoire en état de guerre ou en état de siège ;

3° De deux mois à six mois d'emprisonnement dans tous les autres cas. (1)

213. Tout militaire qui abandonne son poste est puni :

1° De la peine de mort, si l'abandon a eu lieu en présence de l'ennemi ou de rebelles armés ;

2° De deux à cinq ans d'emprisonnement, si, hors le cas prévu par le paragraphe précédent, l'abandon a eu lieu sur un territoire en état de guerre ou en état de siège ;

3° De deux mois à six mois d'emprisonnement dans tous les autres cas.

Si le coupable est chef de poste, le maximum de la peine lui est toujours infligé. (2)

214. « En temps de guerre, aux armées, ainsi que dans les communes et les départements en état de siège, et dans les places de guerre assiégées ou investies, tout militaire qui ne se rend pas à son poste en cas d'alerte, ou lorsque la générale est battue, est puni de six mois à deux ans d'emprisonnement ; s'il est officier, la peine est celle de la destitution. »

215. Tout militaire qui, hors le cas d'excuse légitime, ne se rend pas au conseil de guerre où il est appelé à siéger, est puni d'un emprisonnement de deux mois à six mois.

En cas de refus, si le coupable est officier, il peut être puni de la destitution.

216. Les dispositions des articles 237, 238, 239, 240, 241, 242, 243, 247 et 248 du Code pénal ordinaire, sont applicables aux militaires qui laissent évader des prisonniers de guerre ou d'autres individus arrêtés, détenus ou confiés à leur garde, ou qui favorisent ou procurent l'évasion de ces individus, ou les recèlent ou les font recéler (V. annexe n° 2).

---

(1) L'art. 212 ne s'applique qu'au factionnaire ou à la vedette qui s'endort. Le garde d'écurie, l'infirmier de service trouvés endormis sont seulement passibles de punitions disciplinaires. (L. M. des 3 décembre 1883 et 23 novembre 1888).

(2) Toute absence d'un poste non autorisée et non justifiée quelle qu'en soit la durée, constitue, sans aucun doute, le délit prévu par l'art. 213 (Cᵉ M. du 1ᵉʳ décembre 1865).

Tout militaire préposé à l'exécution d'une consigne et obligé d'être présent, commet le délit d'abandon de son poste, s'il s'absente sans autorisation. (L. M. 16 décembre 1872 et 9 août 1876. J. du C. de R. 22 août 1879).

CHAPITRE III.
Révolte, insubordination et rébellion.

217. Sont considérés comme en état de révolte et punis de mort :

1° Les militaires sous les armes qui, réunis au nombre de quatre au moins et agissant de concert, refusent à la première sommation d'obéir aux ordres de leurs chefs ;

2° Les militaires qui, au nombre de quatre au moins, prennent les armes sans autorisation et agissent contre les ordres de leurs chefs ;

3° Les militaires qui, réunis au nombre de huit au moins, se livrent à des violences en faisant usage de leurs armes, et refusent, à la voix de leurs supérieurs, de se dissiper ou de rentrer dans l'ordre.

Néanmoins, dans tous les cas prévus par le présent article, la peine de mort n'est infligée qu'aux instigateurs ou chefs de la révolte, et au militaire le plus élevé en grade. Les autres coupables sont punis de cinq ans à dix ans de travaux publics, ou, s'ils sont officiers, de la destitution avec emprisonnement de deux à cinq ans.

Dans le cas prévu par le n° 3 du présent article, si les coupables se livrent à des violences sans faire usage de leurs armes, ils sont punis de cinq ans à dix ans de travaux publics, ou, s'ils sont officiers, de la destitution avec emprisonnement de deux à cinq ans.

218. Est puni de mort, avec dégradation militaire, tout militaire qui refuse d'obéir lorsqu'il est commandé pour marcher contre l'ennemi, ou pour tout autre service ordonné par son chef en présence de l'ennemi ou de rebelles armés.

Si, hors le cas prévu par le paragraphe précédent, la désobéissance a eu lieu sur un territoire en état de guerre ou de siège, la peine est de cinq ans à dix ans de travaux publics, ou, si le coupable est officier, de la destitution avec emprisonnement de deux à cinq ans.

Dans tous les autres cas, la peine est celle de l'emprisonnement d'un an à deux ans, ou, si le coupable est officier, celle de la destitution. (1)

219. Tout militaire qui viole ou force une consigne est puni :

1° De la peine de la détention si la consigne a été violée ou forcée en présence de l'ennemi ou de rebelles armés ;

2° De deux ans à dix ans de travaux publics, ou si le coupable est officier, de la destitution avec emprisonnement de un an à cinq ans, quand, hors le cas prévu par le paragraphe précédent, le fait a eu lieu sur un territoire en état de guerre ou de siège ;

---

(1) L'homme qui refuse de se rendre à la salle de police ne commet pas le refus d'obéissance (*L. M. du 4 février 1862. J. du C. de R. du 31 août 1864*); mais l'homme appointé de parade, de garde d'écurie, etc., qui refuse de les exécuter commet le refus d'obéissance. (*L. M. du 30 décembre 1863*).

3° D'un emprisonnement de deux mois à trois ans, dans tous les autres cas.

220. Est puni de mort tout militaire coupable de violence à main armée envers une sentinelle ou vedette.

Si les violences n'ont pas eu lieu à main armée et ont été commises par un militaire assisté d'une ou plusieurs personnes, la peine est de cinq ans à dix ans de travaux publics. Si, parmi les coupables, il se trouve un officier, il est puni de la destitution avec emprisonnement de deux à cinq ans.

La peine est réduite à un emprisonnement d'un an à cinq ans si les violences ont été commises par un militaire seul et sans armes.

Est puni de six jours à un an d'emprisonnement tout militaire qui insulte une sentinelle par paroles, gestes ou menaces.

221. Est punie de mort, avec dégradation militaire, toute voie de fait commise avec préméditation ou guet-apens par un militaire envers son supérieur.

222. Est punie de mort toute voie de fait commise sous les armes par un militaire envers son supérieur.

223. Les voies de fait exercées pendant le service ou à l'occasion du service, par un militaire envers son supérieur, sont punies de mort.

Si les voies de fait n'ont pas eu lieu pendant le service ou à l'occasion du service, le coupable est puni de la destitution, avec emprisonnement de deux ans à cinq ans s'il est officier, et de cinq ans à dix ans de travaux publics, s'il est sous-officier, caporal, brigadier ou soldat. (1)

224. Tout militaire qui, pendant le service ou à l'occasion du service, outrage son supérieur par paroles, gestes ou menaces, est puni de la destitution, avec emprisonnement d'un à cinq ans si ce militaire est officier, et de cinq à dix ans de travaux publics, s'il est sous-officier, caporal, brigadier ou soldat.

Si les outrages n'ont pas eu lieu pendant le service ou à l'occasion du service, la peine est de un an à cinq ans d'emprisonnement.

---

(1) Le simple soldat ou le soldat de 1re classe remplissant les fonctions de caporal est un supérieur dans le sens légal du mot, par suite, les voies de fait exercées contre un fonctionnaire caporal par un soldat qui n'ignorait pas l'autorité dont il était investi, doivent être réputées voies de fait envers un supérieur (*Arr. Cass. 17 mars 1850*).
L'outrage pour être réputé délit doit avoir lieu en présence du supérieur (*L. M. du 28 décembre 1861*).

225. Tout militaire coupable de rébellion envers la force armée et les agents de l'autorité est puni de deux mois à six mois d'emprisonnement, et de six mois à deux ans de la même peine, si la rébellion a eu lieu avec armes. (1)

Si la rébellion a été commise par plus de deux militaires, sans armes, les coupables sont punis de deux à cinq ans d'emprisonnement, et de la reclusion si la rébellion a eu lieu avec armes.

Toute rébellion commise par des militaires armés, au nombre de huit au moins, est punie conformément aux paragraphes 3 et 5 de l'article 217 du présent Code.

Le maximum de la peine est toujours infligé aux instigateurs ou chefs de rébellion et au militaire le plus élevé en grade.

CHAPITRE IV.

Abus d'autorité.

226. Est puni de mort, tout chef militaire qui, sans provocation, ordre ou autorisation, dirige ou fait diriger une attaque à main armée contre des troupes ou des sujets quelconques d'une puissance alliée ou neutre.

Est puni de la destitution tout chef militaire qui, sans provocation, ordre ou autorisation, commet un acte d'hostilité quelconque sur un territoire allié ou neutre.

227. Est puni de mort tout chef militaire qui prolonge les hostilités après avoir reçu l'avis officiel de la paix, d'une trêve ou d'un armistice.

228. Est puni de mort tout militaire qui prend un commandement sans ordre ou motif légitime, ou qui le retient contre l'ordre de ses chefs.

229. Est puni d'un emprisonnement de deux mois à cinq ans tout militaire qui frappe son inférieur hors le cas de la légitime défense de soi-même ou d'autrui, ou de ralliement des fuyards, ou de la nécessité d'arrêter le pillage ou la dévastation.

---

(1) La résistance passive ne constitue pas seule la rébellion ; il faut que cette résistance soit accompagnée de violences ou de voies de fait. (*Arr. Cass.* 2 juillet 1835).

CHAPITRE V.
Insoumission et désertion.

SECTION 1re. — *Insoumission.*

230. « Sont considérés comme insoumis et punis d'un emprisonnement d'un mois à un an, les engagés volontaires et les hommes appelés par la loi qui, n'ayant pas déjà servi, ne sont pas rendus à leur destination, hors le cas de force majeure, dans le mois qui suit le jour fixé par leur ordre de route. (1)

Sont également considérés comme insoumis et punis de la même peine, les hommes de la disponibilité et de la réserve de l'armée active, de l'armée territoriale et de la réserve de cette armée, à quelque catégorie qu'ils appartiennent, qui, ayant déjà servi et étant appelés à l'activité par ordre individuel, ne sont pas rendus à leur destination, hors le cas de force majeure, dans les quinze jours qui suivent celui fixé par leur ordre de route.

Les délais ci-dessus déterminés sont portés : 1° à deux mois pour les hommes demeurant en Algérie et en Europe ; 2° à six mois pour ceux demeurant dans tout autre pays.

En temps de guerre ou en cas de mobilisation par voie d'affiches et de publications sur la voie publique, les délais ci-dessus sont réduits à deux jours pour les hommes dont il est parlé aux 1er et 2e paragraphes du présent article, et diminués de moitié pour ceux que le 3e paragraphe concerne.

En temps de guerre, la peine est de deux à cinq ans d'emprisonnement. sans préjudice des dispositions spéciales édictées par l'article 61 de la loi du 27 juillet 1872 (2).

Conformément au dernier paragraphe de l'article 68 de cette même loi, les peines prononcées par le présent article pourront être modifiées par l'application de l'article 463 du Code pénal. » (3)

SECTION II. — *Désertion à l'intérieur.*

231. « Est considéré comme déserteur à l'intérieur :

1° Six jours après, l'absence constatée, tout sous-officier, caporal, brigadier ou soldat qui s'absente de son corps ou détachement sans

---

(1) Le jeune soldat qui disparaît aussitôt après son arrivée au corps, même après s'être présenté au Major et avoir reçu un numéro matricule, est insoumis et non déserteur s'il n'a reçu avant sa disparition aucune prestation en deniers ou en nature (*D. M. du 10 septembre 1872 et du 25 février 1881*).

(2) Voir ci-après annexe n° 15, l'art. 73 de la loi du 15 juillet 1889 qui a remplacé l'art. 61 de la loi du 27 juillet 1872.

(3) Admission de circonstances atténuantes.

autorisation. Néanmoins, si le soldat n'a pas trois mois de service, il ne peut être considéré comme déserteur qu'après un mois d'absence ; (1).

2° Tout sous-officier, caporal, brigadier, ou soldat voyageant isolément d'un corps à un autre, et dont le congé ou la permission est expiré, et qui, dans les quinze jours qui suivent celui qui a été fixé pour son retour ou son arrivée au corps, ne s'y est pas présenté. »

232. Tout sous-officier, caporal, brigadier ou soldat, coupable de désertion à l'intérieur en temps de paix, est puni de deux ans à cinq ans d'emprisonnement, et de deux à cinq ans de travaux publics, si la désertion a eu lieu en temps de guerre, ou d'un territoire en état de guerre ou de siège.

La peine ne peut être moindre de trois ans d'emprisonnement ou de travaux publics, suivant les cas, dans les circonstances suivantes :

1° Si le coupable a emporté une de ses armes, un objet d'équipement ou d'habillement, ou s'il a emmené son cheval ;

2° S'il a déserté étant de service, sauf les cas prévus par les articles 211 et 213 du présent Code ;

3° S'il a déserté antérieurement.

233. Est puni de six mois à un an d'emprisonnement tout officier absent de son corps ou de son poste sans autorisation depuis plus de six jours, ou qui ne s'y présente pas quinze jours après l'expiration de son congé ou de sa permission (2) sans préjudice de l'application, s'il y a lieu, des dispositions de l'article 1er de la loi du 19 mai 1834 sur l'état des officiers (*V. annexe n° 2*).

Tout officier qui abandonne son corps ou son poste sur un territoire en état de guerre ou de siège est déclaré déserteur après les délais déterminés par le paragraphe précédent, et puni de la destitution avec emprisonnement de deux à cinq ans.

234. « En cas de guerre, tous les délais fixés par les articles 231 et 233 précédents sont réduits des deux tiers. »

SECTION III. — *Désertion à l'étranger.*

235. Est déclaré déserteur à l'étranger, en temps de paix, trois jours, et, en temps de guerre, un jour après celui de l'absence constatée, tout militaire qui franchit sans autorisation les limites du territoire français, ou qui, hors de France, abandonne le corps auquel il appartient.

_____

(1) Les réservistes détenus après l'accomplissement de leur période d'instruction, pour purger au corps une punition disciplinaire, ne peuvent être considérés comme déserteurs s'ils s'évadent pendant qu'ils subissent cette punition (*D. M. du 14 octobre 1878*).

(2) Pour la définition de l'absence formant permission voir le jugement du C. de Révision de Paris du 11 décembre 1803 ci-après, annexe n° 16.

236. Tout sous-officier, caporal, brigadier ou soldat, coupable de désertion à l'étranger, est puni de deux à cinq ans de travaux publics, si la désertion a eu lieu en temps de paix.

Il est puni de cinq ans à dix ans de la même peine, si la désertion a eu lieu en temps de guerre, ou d'un territoire en état de guerre ou de siège.

La peine ne peut être moindre de trois ans de travaux publics dans le cas prévu par le paragraphe 1er, et de sept ans dans le cas du paragraphe 2, dans les circonstances suivantes :

1° Si le coupable a emporté une de ses armes, un objet d'habillement, ou d'équipement ou s'il a emmené son cheval ;

2° S'il a déserté étant de service, sauf les cas prévus par les articles 211 et 213 ;

3° S'il a déserté antérieurement.

237. Tout officier coupable de désertion à l'étranger, est puni de la destitution avec emprisonnement d'un à cinq ans, si la désertion a eu lieu en temps de paix et de la détention si la désertion a eu lieu en temps de guerre, ou d'un territoire en état de guerre ou de siège.

SECTION IV. — *Désertion à l'ennemi ou en présence de l'ennemi.*

238. Est puni de mort, avec dégradation militaire, tout militaire coupable de désertion à l'ennemi.

239. Est puni de la détention tout déserteur en présence de l'ennemi.

SECTION V. — *Dispositions communes aux sections précédentes.*

240. Est réputée désertion avec complot toute désertion effectuée de concert par plus de deux militaires.

241. Est puni de mort :

1° Le coupable de désertion avec complot en présence de l'ennemi ;

2° Le chef du complot de désertion à l'étranger.

Le chef du complot de désertion à l'intérieur est puni de cinq ans à dix ans de travaux publics s'il est sous-officier, caporal, brigadier ou soldat, et de la détention s'il est officier.

Dans tous les autres cas, le coupable de désertion avec complot est puni du maximum de la peine portée par les dispositions des sections précédentes, suivant la nature et les circonstances du crime ou du délit.

242. Tout militaire qui provoque ou favorise la désertion est puni de la peine encourue par le déserteur, selon les distinctions établies au présent chapitre.

Tout individu non militaire ou non assimilé aux militaires qui, sans être embaucheur pour l'ennemi ou les rebelles, provoque ou favorise la désertion, est puni par le tribunal (1) compétent d'un emprisonnement de deux mois à cinq ans.

243. Si un militaire reconnu coupable de désertion est condamné par le même jugement pour un fait entraînant une peine plus grave, cette peine ne peut être réduite par l'admission de circonstances atténuantes. (2).

CHAPITRE VI.
Vente, détournement, mise en gage et recel des effets militaires.

244. Est puni d'un an à cinq ans d'emprisonnement tout militaire qui vend son cheval, ses effets d'armement, d'équipement ou d'habillement, des munitions, ou tout autre objet à lui confié pour le service. (3)

Est puni de la même peine tout militaire qui sciemment achète ou recèle lesdits effets.

La peine est de six mois à un an d'emprisonnement s'il s'agit d'effets de petit équipement.

245. Est puni de six mois à deux ans d'emprisonnement tout militaire :

1° Qui dissipe ou détourne les armes, munitions, effets et autres objets à lui remis pour le service (4) ;

2° Qui, acquitté du fait de désertion, ne représente pas le cheval qu'il aurait emmené, ou les armes ou effets qu'il aurait emportés.

246. Est puni de six mois à un an d'emprisonnement tout militaire qui met en gage tout ou partie de ses effets d'armement, de grand équipement, d'habillement, ou tout autre objet à lui confié pour le service.

---

(1) Le recel des déserteurs non prévu par l'article 142 est puni par l'article 4 de la loi du 24 Brumaire an VI, ainsi conçu:

Tout habitant de l'intérieur de la République convaincu d'avoir recélé sciemment la personne d'un déserteur ou réquisitionnaire ou de l'avoir soustrait d'une manière quelconque aux poursuites ordonnées par la loi, sera condamné par voie de police correctionnelle à une amende qui ne pourra être moindre de trois cents francs ni excéder trois mille francs et à un emprisonnement d'un an.

Pour le recel des insoumis, voir l'article 74 de la loi du 15 juillet 1889 (*ci-après annexe n° 15*).

(2) Les individus condamnés à la relégation ne pouvant plus entrer en France, ceux d'entre eux qui ont été déclarés déserteurs ou insoumis, doivent être rayés des contrôles des déserteurs ou insoumis, lorsque le corps ou le commandant du Bureau de recrutement a reçu avis de cette condamnation. (*L. M. du 15 novembre 1888*).

(3) Le matériel des lits militaires est considéré comme matériel de l'État. (*D. M. du 7 octobre 1864*).

(4) Le militaire qui avoue avoir vendu des armes, effets, etc., mais qui ne peut faire la preuve de son dire tombe sous le coup du présent article et doit être poursuivi pour dissipation d'effets. (*N. M. du 9 janvier 1862*).

La peine est de deux mois à six mois d'emprisonnement s'il s'agit d'effets de petit équipement.

247. Tout individu qui achète, recèle ou reçoit en gage des armes, munitions, effets d'habillement, de grand ou petit équipement, ou tout autre objet militaire, dans des cas autres que ceux où les règlements autorisent leur mise en vente, est puni par le tribunal compétent de la même peine que l'auteur du délit.

CHAPITRE VII.
Vols. (1)

248. Le vol des armes et des munitions appartenant à l'Etat, celui de l'argent de l'ordinaire, de la solde, des deniers ou effets quelconques appartenant à des militaires ou à l'Etat, commis par des militaires qui en sont comptables (2), est puni des travaux forcés à temps. (3).

Si le coupable n'en est pas comptable, la peine est celle de la reclusion.

---

(1) Le vol est l'action de prendre, enlever, ravir la chose d'autrui contre son gré;

L'escroquerie consiste à se faire remettre une chose avec l'intention de se l'approprier ;

L'abus de confiance est le fait de détourner, de dissiper des choses volontairement remises. (Conférences de droit pénal et d'instruction criminelle militaire).

Le vol simple est celui qui réunit, sans autre circonstance, les trois éléments constitutifs du vol : soustraction frauduleuse de la chose d'autrui.

Le vol qualifié est celui qui est accompagné d'une des circonstances aggravantes expressément déterminées par le Code pénal ordinaire (Art. 381 et suivants. — Voir ci-après annexe n° 2.) — (Idem).

L'action de se faire remettre des aliments dans un établissement à ce destiné sachant qu'on est dans l'impossibilité absolue de payer, et d'en consommer tout ou partie, constitue le délit de grivellerie prévu et réprimé par la Loi du 26 juillet 1873.

(2) Est comptable dans le sens de l'art. 248, le militaire ou l'assimilé aux militaires qui, d'après les règlements, est responsable de l'argent des deniers ou des effets qu'il reçoit à raison de son emploi, tels que le sont dans un régiment les majors, les capitaines, les officiers d'habillement, les trésoriers, les maîtres-ouvriers, les sergents-majors, les fourriers, les caporaux, etc., ou ceux qui en remplissent les fonctions. (Prodier-Fodéré : Commentaire du C. de J. M., p. 581.)

(3) Bien que l'art. 258 n'en fasse pas expressément mention, le vol des vivres, fourrages et denrées quelconques servant à l'alimentation des hommes et des animaux, tombe sous l'application des peines qu'il édicte. L'énumération que cet article renferme ne peut être considérée comme ayant un caractère absolu, mais seulement démonstratif. La cour de cassation s'est du reste prononcée dans ce sens par plusieurs arrêts motivés, notamment celui du 19 janvier 1856. (Affaire Christophe).

Voici au surplus quelques cas de vols qui doivent être punis des peines portées par cet article :

Le vol de pain de munition (Arr. Cass. 4 octobre 1845);

Le vol d'effets de literie, mais si ce vol a été commis dans les magasins de l'entrepreneur, il y a lieu d'appliquer la loi commune. (L. M. du 29 avril 1849);

S'il existe des circonstances atténuantes, la peine est celle de la reclusion ou d'un emprisonnement de trois ans à cinq ans, dans le cas du premier paragraphe, et celle d'un emprisonnement d'un à cinq ans, dans le cas du deuxième paragraphe.

En cas de condamnation à l'emprisonnement, l'officier coupable est, en outre, puni de la destitution.

Est puni de la peine de la reclusion, et, en cas de circonstances atténuantes, d'un emprisonnement d'un an à cinq ans, tout militaire qui commet un vol au préjudice de l'habitant chez lequel il est logé.

Les dispositions du Code pénal ordinaire sont applicables aux vols prévus par les paragraphes précédents, toutes les fois qu'en raison des circonstances, les eines qui y sont portées sont plus fortes que les peines prescrites par le présent Code. (*Voir annexe n° 3*).

249. Est puni de la reclusion tout militaire qui dépouille un blessé.

Le coupable est puni de mort si, pour dépouiller le blessé, il lui a fait de nouvelles blessures.

CHAPITRE VIII.
Pillage, destruction, dévastation d'édifices.

250. Est puni de mort, avec dégradation militaire, tout pillage ou dégâts de denrées, marchandises ou effets commis par des militaires en bande, soit avec armes ou à force ouverte, soit avec bris de portes et clôtures extérieures, soit avec violence envers les personnes.

Le pillage en bande est puni de la reclusion dans tous les autres cas.

Néanmoins, si, dans les cas prévus par le premier paragraphe, il existe parmi les coupables un ou plusieurs instigateurs, un ou plusieurs

---

Le vol, par un militaire, de denrées appartenant à l'Etat et destinées à la subsistance des animaux. (*Arr. Cass. 23 février 1849*);
Le vol de crins sur un cheval de l'Etat. (*Arr. Cass. 28 mai 1852*).
Le vol de pain commis par un militaire au préjudice des subsistances militaires. (*Arr. Cass. 19 janvier 1856*);
Le vol commis par un militaire chez l'habitant où est logé son cheval, alors que lui-même est logé ailleurs. (*D. M. 24 novembre 1857*);
Le vol commis par un infirmier au préjudice d'un homme décédé à l'hôpital. (*D. M. du 5 décembre 1857*);
Le vol commis par un ordonnance au préjudice de la femme de l'officier qui l'emploie et au domicile de cet officier. (*D. M. du 19 février 1869*);
Mais, le vol commis par un ordonnance au préjudice de l'habitant chez qui est logé son officier est puni par le code pénal ordinaire (*D. M. du 11 juillet 1862*);
De même, le vol commis par un militaire au préjudice de l'aubergiste ou logeur chez qui il a été conduit par l'habitant qui devait le recevoir par billet de logement, ne doit pas être considéré comme vol chez l'hôte, puisque l'aubergiste reçoit une rétribution. Il y a lieu d'appliquer la loi commune. (*D. M. du 20 Déc. 1859*).

militaires pourvus de grades, la peine de mort n'est infligée qu'aux instigateurs et aux militaires les plus élevés en grade. Les autres coupables sont punis de la peine de travaux forcés à temps.

S'il existe des circonstances atténuantes, la peine de mort est réduite
à celle des travaux forcés à temps, la peine des travaux forcés à temps
à celle de la reclusion, et la peine de la reclusion à celle d'un emprisonnement d'un an à cinq ans.

En cas de condamnation à l'emprisonnement, l'officier coupable est,
en outre, puni de la destitution.

251. Est puni de mort, avec dégradation militaire, tout militaire qui
volontairement incendie, par un moyen quelconque, ou détruit, par
l'explosion d'une mine des édifices, bâtiments, ouvrages militaires, des
magasins, chantiers, vaisseaux, navires ou bateaux à l'usage de l'armée.

S'il existe des circonstances atténuantes, la peine est celle des travaux forcés à temps.

252. Est puni des travaux forcés à temps tout militaire qui volontairement détruit ou dévaste, par d'autres moyens que l'incendie ou l'explosion d'une mine, des édifices, bâtiments, ouvrages militaires, magasins, chantiers, vaisseaux, navires ou bateaux à l'usage de l'armée.

S'il existe des circonstances atténuantes, la peine est celle de la reclusion, ou même de deux à cinq ans d'emprisonnement, et, en outre,
de la destitution, si le coupable est officier. (1).

253. Est puni de mort avec dégradation militaire, tout militaire qui,
dans un but coupable, détruit ou fait détruire, en présence de l'ennemi,
des moyens de défense, tout ou partie d'un matériel de guerre, des approvisionnements en armes, vivres, munitions, effets de campement,
d'équipement ou d'habillement.

La peine est celle de la détention si le crime n'a pas eu lieu en présence de l'ennemi.

254. Est puni de deux à cinq ans de travaux publics tout militaire qui
volontairement détruit ou brise des armes, des effets de campement, de
casernement, d'équipement ou d'habillement appartenant à l'Etat, soit
que ces objets lui eussent été confiés pour le service, soit qu'ils fussent
à l'usage d'autres militaires ; ou qui estropie ou tue un cheval, ou une
bête de trait ou de somme employée au service de l'armée.

(1) Lorsqu'il s'agit de dégradation ou bris volontaire de clôtures, portes, fenêtres, châssis, carreaux de vitre, descellement des barreaux de fer des fenêtres des
locaux disciplinaires ou autres d'une caserne, il y a lieu d'appliquer l'art. 456 du
Code pénal. (D. M. des 7 mai 1842, 10 novembre 1859, 17 février 1860 ;
Conseil de Rév. 10 novembre 1881 et 22 septembre 1886).

Si le coupable est officier, la peine est celle de la destitution ou d'un emprisonnement de deux à cinq ans.

S'il existe des circonstances atténuantes, la peine est réduite à un emprisonnement de deux mois à cinq ans (1).

255. Est puni de la reclusion tout militaire qui, volontairement, détruit, brûle ou lacère des registres, minutes ou actes originaux de l'autorité militaire.

S'il existe des circonstances atténuantes, la peine est celle d'un emprisonnement de deux à cinq ans, et, en outre, de la destitution, si le coupable est officier.

256. Tout militaire coupable de meurtre sur l'habitant chez lequel il reçoit le logement, sur sa femme ou sur ses enfants, est puni de mort.

CHAPITRE IX.
Faux en matière d'administration militaire.

257. Est puni des travaux forcés à temps tout militaire, tout administrateur ou comptable militaire qui porte sciemment sur les rôles, les états de situation ou de revue, un nombre d'hommes, de chevaux ou de journées de présence au-delà de l'effectif réel, qui exagère le montant des consommations, ou commet tout autre faux dans ses comptes.

S'il existe des circonstances atténuantes, la peine est la reclusion ou un emprisonnement de deux à cinq ans.

En cas de condamnation, l'officier coupable est, en outre, puni de la destitution.

258. Est puni d'un an à cinq ans d'emprisonnement tout militaire, tout administrateur ou comptable militaire qui fait sciemment usage, dans son service, de faux poids ou de fausses mesures.

259. Est puni de la reclusion tout militaire, tout administrateur ou comptable militaire qui contrefait ou tente de contrefaire les sceaux, timbres ou marques militaires destinés à être apposés, soit sur les actes ou pièces authentiques relatifs au service militaire, soit sur des effets ou objets quelconques appartenant à l'armée, ou qui en a fait sciemment usage.

260. Est puni de la dégradation militaire tout militaire, tout administrateur ou comptable militaire qui, s'étant procuré les vrais sceaux, timbres ou marques ayant l'une des destinations indiquées à l'article précédent, en fait ou tente d'en faire une application frauduleuse ou un usage préjudiciable aux droits ou aux intérêts de l'État ou des militaires.

(1) Voir l'annotation du § 252.

CHAPITRE X.
Corruption, prévarication et infidélité dans le service et dans l'administration militaire.

261. Est puni de la dégradation militaire tout militaire, tout administrateur ou comptable militaire coupable de l'un des crimes de corruption ou de contrainte prévus par les articles 177 et 179 du Code pénal
ordinaire. *(Voir annexe n° 2).*

Dans le cas où la corruption ou la contrainte aurait pour objet un fait
criminel emportant une peine plus forte que la dégradation militaire,
cette peine plus forte est appliquée au coupable.

S'il existe des circonstances atténuantes, le coupable est puni de trois
mois à deux ans d'emprisonnement.

Toutefois, si la tentative de contrainte ou de corruption n'a eu aucun
effet, la peine est de trois à six mois d'emprisonnement.

262. Est puni d'un an à quatre ans d'emprisonnement tout médecin militaire qui, dans l'exercice de ses fonctions, et pour favoriser quelqu'un,
certifie faussement ou dissimule l'existence de maladies ou infirmités.
Il peut, en outre, être puni de la destitution.

S'il a été mû par des dons ou promesses, il est puni de la dégradation militaire. Les corrupteurs sont, en ce cas, punis de la même peine.

263. Est puni des travaux forcés à temps tout militaire, tout administrateur ou comptable militaire qui s'est rendu coupable des crimes ou
délits prévus par les art. 169, 170, 174 et 175 du Code pénal ordinaire,
relatifs à des soustractions commises par les dépositaires publics. *(V.
annexe n° 2).*

S'il existe des circonstances atténuantes, la peine est celle de la reclusion ou de deux ans à cinq ans d'emprisonnement, et, dans ce dernier cas, de la destitution, si le coupable est officier.

264. Tout militaire, tout administrateur ou comptable militaire qui,
hors les cas prévus par l'article précédent, trafique, à son profit, des
fonds ou des deniers appartenant à l'État ou à des militaires, est puni
d'un emprisonnement de un an à cinq ans.

265. Est puni de la reclusion tout militaire tout administrateur ou
comptable militaire qui falsifie ou fait falsifier des substances, matières,
denrées ou liquides confiés à sa garde ou placés sous sa surveillance,
ou qui, sciemment, distribue ou fait distribuer des substances, matières, denrées ou liquides falsifiés.

La peine de la reclusion est également prononcée contre tout militaire
tout administrateur ou comptable militaire, qui, dans un but coupable,

distribue ou fait distribuer des viandes provenant d'animaux atteints de maladies contagieuses, ou des matières, substances, denrées ou liquides corrompus ou gâtés.

S'il existe des circonstances atténuantes, la peine de la reclusion est réduite à celle de l'emprisonnement d'un an à cinq ans, avec destitution, si le coupable est officier.

CHAPITRE XI.
Usurpation d'uniformes, costumes, insignes, décorations et médailles.

266. Est puni d'un emprisonnement de deux mois à deux ans tout militaire qui porte publiquement des décorations, médailles, insignes, uniformes, ou costumes français sans en avoir le droit.

La même peine est prononcée contre tout militaire qui porte des décorations, médailles ou insignes étrangers, sans y avoir été préalablement autorisé. (1)

TITRE III.
DISPOSITIONS GÉNÉRALES.

267. Les tribunaux militaires appliquent les peines portées par les lois pénales ordinaires à tous les crimes ou délits non prévus par le présent Code, et, dans ce cas, s'il existe des circonstances atténuantes, il est fait application aux militaires de l'article 463 du Code pénal. (*V. annexe n° 2*).

268. Dans les cas prévus par les articles 251, 252, 253, 254 et 255 du présent Code, les complices, même non militaires sont punis de la même peine que les auteurs du crime ou du délit, sauf l'application, s'il y a lieu, de l'article 197 du présent Code.

269. Aux armées, dans les circonscriptions territoriales en état de guerre, dans les communes et les départements en état de siège et dans les places de guerre assiégées ou investies, tout justiciable des tribunaux militaires, coupable ou complice d'un des crimes prévus par le chapitre premier du titre II du présent livre, est puni de la peine qui y est portée.

270. Les peines prononcées par les art. 41, 43 et 44 de la loi du 21 mars 1832, sur le recrutement de l'armée, sont applicables aux tentatives des délits prévus par ces articles, quelle que soit la juridiction appelée à en connaître.

---

(1) L'art. 266 ne peut être appliqué lorsque le fait s'est passé dans une caserne ou un hôpital qui ne peuvent être considérés comme lieux publics (*Dép. M. du 15 décembre 1885*).

Dans le cas prévu par l'art. 45 de la même loi, ceux qui ont fait des dons et promesses sont punis des peines portées par ledit article contre les médecins, chirurgiens ou officiers de santé. (*V. annexe n° 2*).

271. Sont laissées à la répression de l'autorité militaire, et punies d'un emprisonnement dont la durée ne peut excéder deux mois :

1° Les contraventions de police commises par les militaires ;

2° Les infractions aux règlements relatifs à la discipline.

Toutefois, l'autorité militaire peut toujours, suivant la gravité des faits, déférer le jugement des contraventions de police, au conseil de guerre, qui applique la peine déterminée par le présent article.

272. Si, dans le cas prévu par l'article précédent, il y a une partie plaignante, l'action en dommages-intérêts est portée devant la juridiction civile.

273. Ne sont pas soumises à la juridiction des conseils de guerre les infractions commises par des militaires aux lois sur la chasse, la pêche, les douanes, les contributions indirectes, les octrois, les forêts et la grande voirie.

274. Le régime et la police des compagnies de discipline, des établissements pénitentiaires, des ateliers de travaux publics, des lieux de détention militaire, sont réglés par des décrets du chef de l'Etat.

275. Sont abrogées, en ce qui concerne l'armée de terre, toutes les dispositions législatives et réglementaires relatives à l'organisation, à la compétence et à la procédure des tribunaux militaires, ainsi qu'à la pénalité en matière de crimes et de délits militaires.

DISPOSITIONS TRANSITOIRES.

276. Lorsque les peines déterminées par le présent Code sont moins rigoureuses que celles portées par les lois antérieures, elles sont appliquées aux crimes et délits encore non jugés au moment de sa promulgation.

277. Jusqu'à la promulgation d'un nouveau Code de justice maritime 1), les conseils de guerre maritimes permanents appliqueront les peines prononcées par le livre IV du présent Code, dans les cas qui y sont prévus.

Délibéré en séance publique, à Paris, le 8 mai 1857.

Le Président, Signé : SCHNEIDER.

Les Secrétaires,
Signé : Comte JOACHIM MURAT, TESSIÈRE, Ed. DALLOZ, marquis de CHAUMONT-QUITRY.

(1) Le Code de justice pour l'armée de mer a été promulgué le 4 juin 1858.

TABLE DES MATIÈRES

CONTENUES DANS LE CODE DE JUSTICE MILITAIRE.

LIVRE PREMIER.

DE L'ORGANISATION DES TRIBUNAUX MILITAIRES.

(Articles 1er à 52).

LIVRE II.

DE LA COMPÉTENCE DES TRIBUNAUX MILITAIRES.

(Articles 53 à 82).

LIVRE III.

DE LA PROCÉDURE DEVANT LES TRIBUNAUX MILITAIRES.

(Articles 83 à 184).

FIN DE LA TABLE.

« RÉGION

(Art. 99 et 100
Code de jus-
tice militaire)

Ordre d'in-
former.

(FORMULE N° 1)

Le   commandant la   région de corps d'armée :
Vu les articles 99 et 100 du Code de justice militaire ;
Attendu qu'il résulte de

que le   nommé

aurai

crime (ou délit) prévu par

ordonne qu'il soit informé contre

par le rapporteur du   conseil de guerre permanent de
la   ° division ;
Charge le Commissaire du gouvernement d'assurer
l'exécution du présent ordre d'informer.
Fait au quartier général, à.

le   18   .

*A M. le Commissaire du gouvernement près le conseil de
guerre.*

• RÉGION

—

(Art. 99 du
Code de jus-
tice militaire)

Déclaration
qu'il n'y a pas
lieu d'infor-
mer.

—

(FORMULE Nº 1 *bis.*)

Le   commandant la   • région

Vu l'article 99 du Code de justice militaire ;

Attendu que le   nommé

inculpé de

Attendu qu   (1)

Déclare que, dans l'état, il n'y a pas lieu à information.

Fait au quartier général, à

le   18   .

_____

(1) Indiquer les motifs qui portent à ne pas ordonner l'information ; spécifier s'ils résultent de ce que le fait ne constitue ni
crime ni délit, ou de circonstances spéciales qui enlèveraient
tout caractère de gravité.

CÉDULE.

—

(Art. 102, 103
et 183 du
Code de jus-
tice militaire.)

La présente
devra être ap-
portée en ve-
nant déposer.

—

(FORMULE N° 2.)

GREFFE

Du   Conseil de guerre permanent de la   ° région,

séant à

———

Nous
Rapporteur près le   conseil de guerre de la   ° région,
requérons le sieur

de comparaître devant nous, au greffe du   conseil de
guerre permanent, le   18 , à   heure
        d   , pour y
déposer en personne sur les faits relatifs au
nommé

Le   témoin   requis   prévenu   que, faute par
de se conformer à la présente assignation,   il   y   ser
contraint   par les voies de droit, conformément à l'article 103 du Code de justice militaire.

Donné à   , le   du mois d

        an 18   .

Rapporteur,

SIGNIFICATION.   L'an mil huit cent   , le
        à la requête de M. le   Rapporteur près le
conseil de guerre de la   ° région, nous
        soussigné, avons signifié la cédule ci-dessus au
sieur   en son domicile, à
        parlant à   ainsi décla-
ré, et à ce qu'il n'en ignore, nous lui avons laissé la présente. Dont acte, à   les jour, mois et an que
dessus.

CÉDULE.

—

(Art. 102, 103
et 183 du
Code de jus-
tice militaire.)

———

La présente
devra être ap-
portée en ve-
nant déposer.

—

GREFFE

*Du   Conseil de guerre de la   e région   séant
à*

———

Nous
Rapporteur près le   conseil de guerre de la   e région,
requérons le sieur

de comparaître devant nous au greffe du   conseil de
guerre permanent, le   18 , à   heure
d   , pour y déposer en personne sur les
faits relatifs au nommé

Le témoin requis est prévenu que, faute par lui de se
conformer à la présente assignation, il y sera contraint
par les voies de droit, conformément à l'article 103 du
Code de justice militaire.

Donné à   le   du mois de   18 .

Rapporteur,

SIGNIFICATION.   L'an mil huit cent   , le   , à la
requête de M. le Rapporteur près le   conseil de guerre de
la   e région, nous   soussigné,
avons signifié la cédule ci-dessus au sieur
en son domicile, à   parlant à
            ainsi déclaré ; et à ce qu'il n'en ignore, nous
lui avons laissé la présente. Dont acte, à   les
jour, mois et an que dessus.

Mandat de Paiement de la taxe d'un témoin.

———————

M. le Receveur de l'enregistrement au Palais de justice, à

est invité, et au besoin requis, de payer, sur la représentation de ce mandat, au sieur
la somme d
qui lui a été allouée, sur sa demande, pour sa comparution en qualité
d

Fait à

Le Rapporteur,

BON POUR

Le témoin   sait signer,

POUR ACQUIT :

Taxe de

Le Greffier,

ORIGINAL.
de
signification
DE CÉDULE.

(Art. 102, 103
et
183 du Code
de
justice
militaire.)

GREFFE

*Du   Conseil de guerre de la   ᵉ région,   séant
à*

———

L'an mil huit cent   , le   à
la requête de M. le Rapporteur près le   conseil de guerre
de la   ᵉ région, nous   soussigné,
avons signifié au sieur   en son
domicile, à   parlant à
ainsi déclaré   (1) à

                        l   cédule   d'assignation en
date du   à   décernée par M. le
Rapporteur, à l'effet de comparaître au greffe dudit conseil de guerre le   18   ; et à ce que l
susnommé   n'en ignore   , nous l   avons laissé l
dite cédule   . Dont acte, à   les jour, mois et an
que dessus.

———

(1) Par cet original peuvent être constatées les significations
faites le même jour, par le même agent de la force publique, à
plusieurs témoins appelés dans une même affaire.

CÉDULE
pour
comparaître
à
l'audience.

—

(Art. 103
et 183 du Code
de justice
militaire.)

—

La présente
devra être ap-
portée en ve-
nant déposer.

—

PARQUET

Du Conseil de guerre permanent de la ᵉ région, séant à

Nous
Commissaire du gouvernement près le conseil de guerre
de la ᵉ région, requérons le sieur
de comparaître à l'audience du conseil de guerre permanent, le 18 , à heure du
, pour y déposer en personne sur les faits relatifs au nommé

Le témoin requis est prévenu que, faute par lui de se
conformer à la présente assignation, il y sera contraint
par les voies de droit, conformément à l'article 103 du
Code de justice militaire.
Donné à , le du mois d
an 18 .

Le Commissaire du gouvernement,

SIGNIFICATION.

L'an mil huit cent , le à la requête
de M. le Commissaire du gouvernement près le conseil
de guerre de la ᵉ région, nous,

soussigné, avons signifié la cédule ci-
dessus au sieur en son
domicile, à parlant à
ainsi déclaré, et, à ce qu'il n'en ignore,
nous lui avons laissé la présente. Dont acte, à
, les jour, mois et an que dessus.

(FORMULE N° 3 *bis.*)

PARQUET

*Du   Conseil de guerre permanent de la * région,*
séant à

———

Nous
Commissaire du gouvernement près le   conseil de
guerre de la   * région, réquérons le sieur

de comparaître à l'audience du   conseil de
guerre permanent, le   18 , à   heure du
, pour y déposer en personne sur les
faits relatifs au nommé

Le témoin requis est prévenu que, faute par lui de se
conformer à la présente assignation, il y sera contraint
par les voies de droit, conformément à l'article 103 du
Code de justice militaire.

Donné à   , le   du mois d
18   .

Le Commissaire du Gouvernement,

SIGNIFICATION.   L'an mil huit cent   , le   à la requête de M. le Commissaire du gouvernement près le
conseil de guerre de la * région, nous,

soussigné, avons signifié la cédule ci-dessus au
sieur   en son domicile, à   parlant à
ainsi déclaré, et, à ce qu'il
n'en ignore, nous lui avons laissé la présente. Dont acte,
à   , les jour, mois et an que dessus.

Mandat de paiement de la taxe d'un témoin.

M. le Receveur de l'enregistrement au Palais de justice,

est invité et, au besoin, requis de payer,   la présentation de ce mandat, au sieur

la somme de

qui lui a été allouée, sur sa demande, pour sa comparution en qualité d

Fait à

Le Président,

BON POUR

Le témoin   sait signer.

POUR ACQUIT :

Taxe de

Le Greffier,

ORIGINAL.
de
signification
DE CÉDULE.

(Art. 101
et 103 du Code
de justice
militaire.)

Cette pièce
doit être ren-
voyée au Com-
missaire spé-
cial.

PARQUET

Du Conseil de guerre permanent de la ＊ région,
séant à

L'an mil huit cent   le
à la requête de M. le Commissaire du gouvernement
près le   conseil de guerre de la ＊ région   , nous
soussigné, avons signifié
au sieur   en son
domicile, à   parlant à
ainsi déclaré   (1)

L cédule d'assignation, en date du   à
décernée par M. le Commissaire du gouvernement, à l'effet de comparaître à l'audience du   conseil de guerre
permanent le   18   ; et à ce que l
susnommé   n'en   ignore   , nous l   avons
laissé ladite cédule. Dont acte, à   , les
jour, mois et an que dessus.

---

(1) Par cet original peuvent être constatées les significations
faites le même jour, par le même agent de la force publique, à plusieurs témoins appelés dans une même affaire.

MANDAT
D'EXTRACTION
—
(Art. 101
du
Code de jus-
tice militaire.)

(FORMULE N° 4.)

CONSEIL DE GUERRE PERMANENT

DE LA   ᵉ RÉGION

—————

,*le*   *18*   ,

Le Concierge de la maison de justice militaire est requis d'extraire et de faire conduire sous bonne et sûre escorte, au greffe du   Conseil de guerre, pour être interrogé , puis réintégré   dans ladite maison de justice,

Le   nommé

Le chef de l'escorte est personnellement responsable d susnommé jusqu'à   réintégration dans ladite maison de justice.

Le Rapporteur,

(FORMULE N° 5)

PROCÈS-
VERBAL
d'interroga-
toire.

(Art. 101
du
Code de justice
militaire.)

CONSEIL DE GUERRE PERMANENT

De la   ° région, séant à

L'an mil huit cent   , le
            à   heure

Devant nous,   Rapporteur près le
conseil de guerre de la   ° région, assisté du sieur
                Greffier dudit conseil, en la salle du greffe,
sise à
Avons fait extraire de   à l'effet de
l interroger, le   nommé

En conséquence, nous avons fait amener devant nous
le dit   que nous avons interrogé ainsi
qu'il suit :

Interpellé de déclarer   nom   , prénoms, âge,
lieu de naissance, état, profession et domicile,   répondu
se nommer

PROCÈS-
VERBAL
d'interroga-
toire au corps.

(Art. 85 et 86
du Code de jus-
tice militaire
et Circ.minist.
du 23 juin
1875.)

(a)

[FORMULE N° 5 *bis*].

RÉGIMENT D

L'an mil huit cent   ;

Devant nous (1),   , agissant en vertu des articles 85 et 86 du Code de justice militaire et par délégation de M. le colonel N..., commandant ledit régiment, comme officier de police judiciaire, assisté du sieur (2)
; faisant fonctions de greffier ; et à qui nous avons préalablement fait prêter serment de bien et fidèlement remplir lesdites fonctions dans la salle des rapports, à la caserne de   , avons fait extraire de la prison, à l'effet de l'interroger, le nommé (3)
inculpé de   .

En conséquence, nous avons fait amener devant nous ledit   que nous avons interrogé ainsi qu'il suit :

Interpellé de déclarer ses nom, prénoms, âge, lieu de naissance, état, profession et domicile, a répondu se nommer   , fils de   , demeurant avant son entrée au service   , et aujourd'hui soldat   au régiment d   , en garnison à   .

Demande :

Réponse :

. . . .

Lecture faite au prévenu de son interrogatoire, il a déclaré ses réponses être fidèlement transcrites, qu'elles contiennent vérité, qu'il y persiste, et il a signé avec nous et le greffier. (4)

(1-2-3) Nom, prénoms, grade, corps.

(4) Si le prévenu ne sait pas signer, le procès-verbal en fera mention.

(a) Mettre, suivant le cas : *Région de corps d'armée, gouvernement militaire de Paris* ou *de Lyon ; division militaire d'Oran, d'Alger* ou *de Constantine.*

ANNEXE N° 2

TEXTE

Des lois auxquelles renvoie le Code de justice militaire.

ART. 70. (1)

LOIS SUR L'ÉTAT DE SIÈGE.

1° Loi du 3 avril 1878.

ART. 1er. L'état de siège ne peut être déclaré qu'en cas de péril imminent, résultant d'une guerre étrangère ou d'une insurrection à main armée.

Une loi peut seule déclarer l'état de siège ; cette loi désigne les communes, les arrondissements ou départements auxquels il s'applique. Elle fixe le temps de sa durée. A l'expiration de ce temps, l'état de siège cesse de plein droit, à moins qu'une loi nouvelle n'en prolonge les effets.

2. En cas d'ajournement des Chambres, le Président de la République peut déclarer l'état de siège, de l'avis du conseil des ministres, mais alors les Chambres se réunissent de plein droit deux jours après.

3. En cas de dissolution de la Chambre des députés, et jusqu'à l'accomplissement entier des opérations électorales, l'état de siège ne pourra, même provisoirement, être déclaré par le Président de la République.

Néanmoins, s'il y avait guerre étrangère, le Président, de l'avis du conseil des ministres, pourrait déclarer l'état de siège dans les territoires menacés par l'ennemi, à la condition de convoquer les collèges électoraux et de réunir les Chambres dans le plus bref délai possible.

4. Dans le cas où les communications seraient interrompues avec l'Algérie, le gouverneur pourra déclarer tout ou partie de l'Algérie en état de siège, dans les conditions de la présente loi.

5. Dans les cas prévus par les articles 2 et 3, les Chambres, dès qu'elles sont réunies, maintiennent ou lèvent l'état de siège. En cas de dissentiment entre elles, l'état de siège est levé de plein droit.

6. Les articles 4 et 5 de la loi du 9 août 1849 sont maintenus ainsi que les dispositions de ses autres articles non contraires à la présente loi.

---

(1) Ce chiffre est celui de l'article du Code de justice militaire auquel se rapportent les dispositions spéciales.

2° *Loi du 9 août 1849*.

Art. 1er, 2, 3 abrogés par la loi du 3 avril 1878, ci-dessus.

4. Dans les colonies françaises, la déclaration de l'état de siège est faite par le gouverneur de la colonie.

Il doit en rendre compte immédiatement au Gouvernement.

5. Dans les places de guerre et postes militaires, soit de la frontière, soit de l'intérieur, la déclaration de l'état de siège peut être faite par le commandant militaire, dans les cas prévus par la loi du 10 juillet 1791 et par le décret du 24 décembre 1811 (1).

Le commandant en rend compte immédiatement au Gouvernement.

6. Dans le cas des deux articles précédents, si le Président de la République ne croit pas devoir lever l'état de siège, il en propose sans délai le maintien aux Chambres.

7. Aussitôt l'état de siège déclaré, les pouvoirs dont l'autorité civile était revêtue pour le maintien de l'ordre et de la police passent tout entiers à l'autorité militaire.

L'autorité civile continue néanmoins à exercer ceux de ces pouvoirs dont l'autorité militaire ne l'a pas dessaisie.

8. Les tribunaux militaires peuvent être saisis de la connaissance des crimes et délits contre la sûreté de la République, contre la Constitution, contre l'ordre et la paix publics, quelle que soit la qualité des auteurs principaux et des complices.

9. L'autorité militaire a le droit :

1° De faire des perquisitions, de jour et de nuit, dans le domicile des citoyens ;

2° D'éloigner les repris de justice et les individus qui n'ont pas leur domicile dans les lieux soumis à l'état de siège ;

3° D'ordonner la remise des armes et munitions, et de procéder à leur recherche et à leur enlèvement ;

4° D'interdire les publications et les réunions qu'elle juge de nature à exciter ou à entretenir le désordre.

10. Dans les lieux énoncés en l'article 5, les effets de l'état de siège continuent, en outre, en cas de guerre étrangère, à être déterminés par les dispositions de la loi du 10 juillet 1791 et du décret du 24 décembre 1811.

11. Les citoyens continuent, nonobstant l'état de siège, à exercer tous ceux des droits garantis par la Constitution, dont la jouissance n'est pas suspendue en vertu des articles précédents.

---

(1) Voir art. 189 du décret du 4 octobre 1891 sur le service des places cité à la note de l'art. 78 du Code de J. M. (V. *annexe n° 1*).

12. ... L'état de siège, déclaré conformément à l'article 4, pourra être levé par les gouverneurs des colonies, aussitôt qu'ils croiront la tranquillité suffisamment rétablie.

13. Après la levée de l'état de siège, les tribunaux militaires continuent de connaître des crimes et délits dont la poursuite leur avait été déférée.

ART. 82.
CODE D'INSTRUCTION CRIMINELLE.

441. Lorsque, sur l'exhibition d'un ordre formel à lui donné par le ministre de la justice, le procureur général près la Cour de cassation dénoncera à la section criminelle des actes judiciaires, arrêts ou jugements contraires à la loi, ces actes, arrêts ou jugements pourront être annulés, et les officiers de police ou les juges poursuivis, s'il y a lieu, de la manière exprimée au chapitre III du titre IV du présent livre.

442. Lorsqu'il aura été rendu par une Cour d'appel ou d'assises, ou par un tribunal correctionnel ou de police, un arrêt ou jugement en dernier ressort, sujet à cassation, et contre lequel néanmoins aucune des parties n'aurait réclamé dans le délai déterminé, le procureur général près la Cour de cassation pourra ainsi d'office, et nonobstant l'expiration du délai, en donner connaissance à la Cour de cassation : l'arrêt ou le jugement sera cassé, sans que les parties puissent s'en prévaloir pour s'opposer à son exécution.

443. La revision pourra être demandée en matière criminelle ou correctionnelle, quelle que soit la juridiction qui ait statué, dans chacun des cas suivants :

1° Lorsque, après une condamnation pour homicide, des pièces seront représentées propres à faire naître de suffisants indices sur l'existence de la prétendue victime de l'homicide ;

2° Lorsque, après une condamnation pour crime ou délit, un nouvel arrêt ou jugement aura condamné, pour le même fait, un autre accusé ou prévenu, et que les deux condamnations ne pouvant se concilier, leur contradiction sera la preuve de l'innocence de l'un ou de l'autre condamné ;

3° Lorsqu'un des témoins entendus aura été, postérieurement à la condamnation, poursuivi et condamné pour faux témoignage contre l'accusé ou le prévenu.

Le témoin ainsi condamné ne pourra pas être entendu dans les nouveaux débats.

444. Le droit de demander la revision appartiendra :

1° Au ministre de la justice ;

2° Au condamné ;

3° Après la mort du condamné, à son conjoint, à ses enfants, à ses parents, à ses légataires universels ou à titre universel, à ceux qui en ont reçu de lui la mission expresse.

En matière correctionnelle, la revision ne pourra avoir lieu que pour une condamnation à l'emprisonnement ou pour une condamnation prononçant ou emportant l'interdiction, soit totale, soit partielle, de l'exercice des droits civiques, civils et de famille.

La Cour de cassation, section criminelle, sera saisie par son procureur général, en vertu de l'ordre exprès que le ministre de la justice aura donné soit d'office, soit sur la réclamation des parties invoquant un des cas ci-dessus spécifiés.

La demande de celles-ci sera non recevable pour les cas déterminés aux n° 2 et 3 de l'article précédent, si elle n'a pas été inscrite au ministère de la justice, dans le délai de deux ans, à partir de la seconde des condamnations inconciliables ou de la condamnation du faux témoin.

Dans tous les cas, l'exécution des arrêts ou jugements dont la revision est demandée sera de plein droit suspendue sur l'ordre du ministre de la justice, jusqu'à ce que la Cour de cassation ait prononcé, et ensuite, s'il y a lieu, par l'arrêt de cette Cour statuant sur la recevabilité.

445. En cas de recevabilité, si l'affaire n'est pas en état, la Cour procédera directement ou par commissions rogatoires à toutes enquêtes sur le fond, confrontations, reconnaissances d'identité, interrogatoires et moyens propres à mettre la vérité en évidence.

Lorsque l'affaire sera en état, si la Cour reconnaît qu'il peut être procédé à de nouveaux débats contradictoires, elle annulera les jugements ou arrêts et tous actes qui feraient obstacles à la revision ; elle fixera les questions qui devront être posées et renverra les accusés ou prévenus, selon les cas, devant une Cour ou un tribunal autre que ceux qui auraient primitivement connu de l'affaire.

Dans les affaires qui devront être soumises au jury, le procureur général près la Cour de renvoi dressera un nouvel acte d'accusation.

446. Lorsqu'il ne pourra être procédé de nouveau à des débats oraux entre toutes les parties, notamment en cas de décès, de contumace, ou de défaut d'un ou de plusieurs condamnés, en cas de prescription de l'action ou de celle de la peine, la Cour de cassation, après avoir constaté expressément cette impossibilité, statuera au fond, sans cassation préalable, ni renvoi, en présence des parties civiles, s'il y en a au procès, et des curateurs nommés par elle à la mémoire de chacun des morts.

Dans ce cas, elle annulera seulement celle des condamnations qui avait été injustement portée, et déchargera, s'il y a lieu, la mémoire des morts.

447. Lorsqu'il s'agira du cas de revision exprimée au n° 1er de l'article **443**, si l'annulation de l'arrêt à l'égard d'un condamné vivant ne laisse rien subsister qui puisse être qualifié crime ou délit, aucun renvoi ne sera prononcé.

542. En matière criminelle, correctionnelle et de police, la Cour de cassation peut, sur la réquisiton du procureur général près cette Cour, renvoyer la connaissance d'une affaire, d'une Cour d'appel ou d'assises à une autre, d'un tribunal correctionnel ou de police à un autre tribunal de même qualité, d'un juge d'instruction à un autre juge d'instruction, pour cause de sûreté publique ou de suspicion légitime.

527. Il y aura lieu également à être réglé de juges par la Cour de cassation, lorsqu'un tribunal militaire ou maritime, ou un officier de police militaire, ou tout autre tribunal d'exception, d'une part, une Cour d'appel ou d'assises, un tribunal jugeant correctionnellement, un tribunal de police ou un juge d'instruction, d'autre part, seront saisis de la connaissance du même délit ou de délits connexes, ou de la même contravention.

ART. 86.

CODE D'INSTRUCTION CRIMINELLE.

31. Les dénonciations seront rédigées par les dénonciateurs, ou par leurs fondés de procuration spéciale, ou par le procureur de la République s'il en est requis ; elles seront toujours signées par le procureur de la République à chaque feuillet, et par les dénonciateurs ou par leurs fondés de pouvoir.

Si les dénonciateurs ou leurs fondés de pouvoir ne savent ou ne veulent pas signer, il en sera fait mention.

La procuration demeurera toujours annexée à la dénonciation ; et le dénonciateur pourra se faire délivrer, mais à ses frais, une copie de sa dénonciation.

33. Le procureur de la République pourra aussi, dans le cas de l'article précédent, appeler à son procès-verbal les parents, voisins ou domestiques, présumés en état de donner des éclaircissements sur le fait : il recevra leurs déclarations, qu'ils signeront : les déclarations reçues en conséquence du présent article et de l'article précédent seront signées par les parties, ou, en cas de refus, il en sera fait mention.

36. Si la nature du crime ou du délit est telle, que la preuve puisse vraisemblablement être acquise par les papiers ou autres pièces et effets en la possession du prévenu, le procureur de la République se transportera de suite dans le domicile du prévenu, pour y faire la perquisition des objets qu'il jugera utiles à la manifestation de la vérité.

37. S'il existe, dans le domicile du prévenu, des papiers ou effets qui puissent servir à conviction ou à décharge, le procureur de la République en dressera procès-verbal, et se saisira desdits effets ou papiers.

38. Les objets saisis seront clos et cachetés, si faire se peut ; ou s'ils ne sont pas susceptibles de recevoir des caractères d'écriture, ils seront mis dans un vase ou dans un sac, sur lequel le procureur de la République attachera une bande de papier qu'il scellera de son sceau.

39. Les opérations prescrites par les articles précédents seront faites en présence du prévenu, s'il a été arrêté ; et s'il ne veut ou ne peut y assister, en présence d'un fondé de pouvoir qu'il pourra nommer. Les objets lui seront présentés à l'effet de les reconnaître et de les parafer, s'il y a lieu, et, au cas de refus, il en sera fait mention au procès-verbal.

65. Les dispositions de l'article 31 concernant les dénonciations seront communes aux plaintes.

ART. 102.
CODE D'INSTRUCTION CRIMINELLE.

73. Les témoins seront entendus séparément, et hors de la présence du prévenu, par le juge d'instruction, assisté de son greffier.

74. Ils représenteront, avant d'être entendus, la citation qui leur aura été donnée pour déposer ; et il en sera fait mention dans le procès-verbal.

75. Les témoins prêteront serment de dire toute la vérité, rien que la vérité ; le juge d'instruction leur demandera leurs noms, prénoms, âge, état, profession, demeure, s'ils sont domestiques, parents ou alliés des parties, et à quel degré : il sera fait mention de la demande et des réponses des témoins.

76. Les dépositions seront signées du juge, du greffier et du témoin, après que lecture lui en aura été faite et qu'il aura déclaré y persister : si le témoin ne veut ou ne peut signer, il en sera fait mention.

Chaque page du cahier d'information sera signée par le juge et par le greffier.

78. Aucune interligne ne pourra être faite : les natures et les renvois seront approuvés et signés par le juge d'instruction, par le greffier et par le témoin..Les interlignes, ratures et renvois non approuvés, seront réputés non avenus.

79. Les enfants do l'un et de l'autre sexe, au-desous de l'âge de quinze ans, pourront être entendus, par forme de déclaration et sans prestation de serment.

82. Chaque témoin qui demandera une indemnité sera taxé par le juge d'instruction.

83. Lorsqu'il sera constaté, par le certificat d'un officier de santé, que des témoins se trouvent dans l'impossibilité de comparaître sur la citation qui leur aura été donnée, le juge d'instruction se transportera en leur demeure, quand ils habiteront dans le canton de la justice de paix du domicile du juge d'instruction.

Si les témoins habitent hors du canton, le juge d'instruction pourra commettre le juge de paix de leur habitation à l'effet de recevoir leur déposition, et il enverra au juge de paix des notes et instructions qui feront connaître les faits sur lesquels les témoins devront déposer.

84. Si les témoins résident hors de l'arrondissement du juge d'instruction, celui-ci requerra le juge d'instruction de l'arrondissement dans lequel les témoins sont résidents de se transporter auprès d'eux pour recevoir leurs dépositions.

Dans le cas où les témoins n'habiteraient pas le canton du juge d'instruction ainsi requis, il pourra commettre le juge de paix de leur habitation à l'effet de recevoir leurs dépositions ainsi qu'il est dit dans l'article précédent.

85. Le juge qui aura reçu les dépositions en conséquence des articles 83 et 84 ci-dessus les enverra closes et cachetées au juge d'instruction du tribunal saisi de l'affaire.

(N° 5) ART. 128.

CODE D'INSTRUCTION CRIMINELLE.

315. Le procureur général exposera le sujet de l'accusation ; il présentera ensuite la liste des témoins qui devront être entendus, soit à la requête, soit à la requête de la partie civile, soit à celle de l'accusé.

Cette liste sera lue à haute voix par le greffier.

Elle ne pourra contenir que les témoins dont les noms, profession et résidence auront été notifiés, vingt-quatre heures au moins avant l'examen de ces témoins, à l'accusé, par le procureur général ou la partie civile, et au procureur général par l'accusé, sans préjudice de la faculté accordée au président par l'article 269. (Voir article 125 du Code de justice militaire).

L'accusé et le procureur général pourront, en conséquence, s'opposer à l'audition d'un témoin qui n'aurait pas été indiqué ou qui n'aurait pas été clairement désigné dans l'acte de notification.

La Cour statuera de suite sur cette opposition.

316. Le président ordonnera aux témoins de se retirer dans la chambre qui leur sera destinée. Ils n'en sortiront que pour déposer. Le président prendra des précautions, s'il en est besoin, pour empêcher les témoins de conférer entre eux du délit et de l'accusé, avant leur déposition.

317. Les témoins déposeront séparément l'un de l'autre, dans l'ordre établi par le procureur général. Avant de déposer, ils prêteront, à peine de nullité, le serment de parler sans haine et sans crainte, de dire toute la vérité et rien que la vérité.

Le président leur demandera leurs noms, prénoms, âge, profession, leur domicile ou résidence, s'ils connaissaient l'accusé avant le fait mentionné dans l'acte d'accusation, s'ils sont parents ou alliés, soit de l'accusé, soit de la partie civile, et à quel degré ; il leur demandera encore s'ils ne sont pas attachés au service de l'un ou de l'autre : cela fait, les témoins déposeront oralement.

318. Le président fera tenir note, par le greffier, des additions, changements ou variations qui pourraient exister entre la déposition d'un témoin et ses précédentes déclarations.

Le procureur général et l'accusé pourront requérir le président de faire tenir les notes de ces changements, additions et variations.

319. Après chaque déposition, le président demandera au témoin si c'est de l'accusé présent qu'il a entendu parler ; il demandera ensuite à l'accusé s'il veut répondre à ce qui vient d'être dit contre lui.

Le témoin ne pourra être interrompu : l'accusé ou son conseil pourront le questionner par l'organe du président, après sa déposition, et dire, tant contre lui que contre son témoignage, tout ce qui pourra être utile à la défense de l'accusé.

Le président pourra également demander au témoin et à l'accusé tous les éclaircissements qu'il croira nécessaires à la manifestation de la vérité.

Les juges, le procureur général et les jurés auront la même faculté, en demandant la parole au président. La partie civile ne pourra faire de questions, soit au témoin, soit à l'accusé, que par l'organe du président.

320. Chaque témoin. après sa déposition, restera dans l'auditoire, si le président n'en a ordonné autrement, jusqu'à ce que les jurés se soient retirés pour donner leur déclaration.

321. Après l'audition des témoins produits par le procureur général et par la partie civile, l'accusé fera entendre ceux dont il aura notifié la liste, soit sur les faits mentionnés dans l'acte d'accusation, soit pour attester qu'il est homme d'honneur, de probité et d'une conduite irréprochable.

·Les citations faites à la requête des accusés seront à leurs frais, ainsi que les salaires des témoins cités, s'ils en requièrent ; sauf au procureur général à faire citer à sa requête les témoins qui lui seront indiqués par l'accusé, dans le cas où il jugerait que leur déclaration pût être utile pour la découverte de la vérité.

322. Ne pourront être reçues les dépositions :

1° Du père, de la mère, de l'aïeul, de l'aïeule, ou de tout autre ascendant de l'accusé, ou de l'un des accusés présents et soumis au même débat ;

2° Du fils, fille, petit-fils, petite-fille, ou de tout autre descendant ;

3° Des frères et sœurs ;

4° Des alliés aux mêmes degrés ;

5° Du mari et de la femme, même après le divorce prononcé ;

6° Des dénonciateurs dont la dénonciation est récompensée pécuniairement par la loi ;

Sans néanmoins que l'audition des personnes ci-dessus désignées puisse opérer une nullité, lorsque, soit le procureur général, soit la partie civile, soit les accusés, ne se sont pas opposés à ce qu'elles soient entendues.

323. Les dénonciateurs autres que ceux récompensés pécuniairement par la loi pourront être entendus en témoignage ; mais le jury sera averti de leur qualité de dénonciateurs.

324. Les témoins produits par le procureur général ou par l'accusé seront entendus dans le débat, même lorsqu'ils n'auraient pas préalablement déposé par écrit, lorsqu'ils n'auraient reçu aucune assignation, pourvu, dans tous les cas, que ces témoins soient portés sur la liste mentionnée dans l'article 315.

325. Les témoins, par quelque partie qu'ils soient produits, ne pourront jamais s'interpeller entre eux.

326. L'accusé pourra demander, après qu'ils auront déposé, que ceux qu'il désignera se retirent de l'auditoire, et qu'un ou plusieurs d'entre eux soient introduits et entendus de nouveau, soit séparément, soit en présence les uns des autres.

Le procureur général aura la même faculté.

Le président pourra aussi l'ordonner d'office.

327. Le président pourra, avant, pendant, ou après l'audition d'un témoin, faire retirer un ou plusieurs accusés, et les examiner séparément sur quelques circonstances du procès ; mais il aura soin de ne reprendre la suite des débats généraux qu'après avoir instruit chaque accusé de ce qui se sera fait en son absence, et de ce qui en sera résulté.

328. Pendant l'examen, les jurés, le procureur général et les juges pourront prendre note de ce qui leur paraîtra important soit dans les dépositions des témoins, soit dans la défense de l'accusé, pourvu que la discussion n'en soit pas interrompue.

329. Dans le cours ou à la suite des dépositions, le président fera représenter à l'accusé toutes les pièces relatives au délit, et pouvant servir à conviction ; il l'interpellera de répondre personnellement s'il les reconnaît : le président les fera aussi représenter aux témoins, s'il y a lieu.

332. Dans le cas où l'accusé, les témoins, ou l'un deux, ne parleraient pas la même langue ou le même idiome, le président nommera d'office, à peine de nullité, un interprète âgé de vingt et un an au moins, et lui fera, sous la même peine, prêter serment de traduire fidèlement les discours à transmettre entre ceux qui parlent des langages différents.

L'accusé et le procureur général pourront récuser l'interprète en motivant leur récusation.

La Cour prononcera.

L'interprète ne pourra à peine de nullité, même du consentement de l'accusé ni du procureur général, être pris parmi les témoins, les juges et les jurés.

333. Si l'accusé est sourd-muet et ne sait pas écrire, le président nommera d'office, pour son interprète, la personne qui aura le plus d'habitude pour converser avec lui.

Il en sera de même à l'égard du témoin sourd-muet.

Le surplus des dispositions du précédent article sera exécuté.

Dans le cas où le sourd-muet saurait écrire, le greffier écrira les questions et observations qui lui seront faites ; elles seront remises à l'accusé ou au témoin, qui donneront par écrit leurs réponses ou déclarations. Il sera fait lecture du tout par le greffier.

334. Le président déterminera celui des accusés qui devra être soumis le premier aux débats, en commençant par le principal accusé, s'il y en a un.

Il se fera ensuite un débat particulier sur chacun des autres accusés.

354. Lorsqu'un témoin qui aura été cité ne comparaîtra pas, la Cour pourra, sur la réquisition du procureur général, et avant que les débats soient ouverts par la déposition du premier témoin inscrit sur la liste, renvoyer l'affaire à la prochaine session.

355. Si, à raison de la non-comparution du témoin, l'affaire est renvoyée à la session suivante, tous les frais de citation, actes, voyages de témoins, et autres ayant pour objet de faire juger l'affaire, seront à la charge de ce témoin, et il y sera contraint, même par corps, sur la réquisition du procureur général, par l'arrêt qui renverra les débats à la session suivante.

Le même arrêt ordonnera, de plus, que ce témoin sera amené par la force publique devant la Cour pour y être entendu.

Et néanmoins, dans tous les cas, le témoin qui ne comparaîtra pas, ou qui refusera, soit de prêter serment, soit de faire sa déposition, sera condamné à la peine portée en l'article 80 (1).

ART. 144.
CODE D'INSTRUCTION CRIMINELLE.

409. Dans le cas d'acquittement de l'accusé, l'annulation de l'ordonnance qui l'aura prononcé et de ce qui l'aura précédé, ne pourra être poursuivie par le ministère public que dans l'intérêt de la loi et sans préjudicier à la partie acquittée.

410. Lorsque la nullité procédera de ce que l'arrêt aura prononcé une peine autre que celle appliquée par la loi à la nature du crime, l'annulation de l'arrêt pourra être poursuivie tant par le ministère public que par la partie condamnée.

La même action appartiendra au ministère public contre les arrêts d'absolution mentionnés en l'article 364, si l'absolution a été prononcée sur le fondement de la non-existence d'une loi pénale qui pourtant aurait existé.

ART. 178.
CODE D'INSTRUCTION CRIMINELLE.

471. Si le contumax est condamné, ses biens seront, à partir de l'exécution de l'arrêt, considérés et régis comme bien d'absent ; et le compte du séquestre sera rendu à qui il appartiendra, après que la condamnation sera devenue irrévocable par l'expiration du délai donné pour purger la contumace.

---

(1) La contrainte par corps a été abolie par la loi du 22 juillet 1867.

474. En aucun cas la contumace d'un accusé ne suspendra ni ne retardera de plein droit l'instruction à l'égard de ses coaccusés présents.

La Cour pourra ordonner, après le jugement de ceux-ci, la remise des effets déposés au greffe comme pièces de conviction, lorsqu'ils seront réclamés par les propriétaires ou ayants droit. Elle pourra aussi ne l'ordonner qu'à charge de représenter, s'il y a lieu.

Cette remise sera précédée d'un procès-verbal de description dressé par le greffe, à peine de cent francs d'amende.

475. Durant le séquestre, il peut être accordé des secours à la femme, aux enfants, au père ou à la mère de l'accusé, s'ils sont dans le besoin.

Ces secours sont réglés par l'autorité administrative.

476. Si l'accusé se constitue prisonnier ou s'il est arrêté avant que la peine soit éteinte par prescription, le jugement rendu par contumace et les procédures faites contre lui depuis l'ordonnance de prise de corps ou de se représenter seront anéantis de plein droit, et il sera procédé à son égard dans la forme ordinaire.

Si cependant la condamnation par contumace était de nature à emporter la mort civile (1), et si l'accusé n'a été arrêté ou ne s'est représenté qu'après les cinq ans qui ont suivi l'exécution du jugement de contumace, ce jugement, conformément à l'article 30 du Code civil, conservera, pour le passé, les effets que la mort civile aurait produits dans l'intervalle écoulé depuis l'expiration des cinq ans jusqu'au jour de la comparution de l'accusé en justice.

477. Dans les cas prévus par l'article précédent, si, pour quelque cause que ce soit, des témoins ne peuvent être produits aux débats, leurs dépositions écrites et les réponses écrites des autres accusés du même délit seront lues à l'audience : il en sera de même de toutes les autres pièces qui seront jugées par le président être de nature à répandre la lumière sur le délit et les coupables.

478. Le contumax qui, après s'être représenté, obtiendrait son renvoi de l'accusation, sera toujours condamné aux frais occasionnés par sa contumace.

ART. 181.

Articles 441 et 442 du Code d'instruction criminelle, déjà cités à l'article 82.

---

(1) La mort civile a été abrogée par la loi du 31 mai 1854, cette peine est remplacée par les incapacités légales énumérées dans les art. 28, 29 et 31 du C. P.

ART. 184.
CODE D'INSTRUCTION CRIMINELLE.

635. Les peines portées par les arrêts ou jugements rendus en matière criminelle se prescriront par vingt années révolues à compter de la date des arrêts ou jugements.

Néanmoins, le condamné ne pourra résider dans le département où demeuraient, soit celui sur lequel ou contre la propriété duquel le crime aurait été commis, soit ses héritiers directs.

Le Gouvernement pourra assigner au condamné le lieu de son domicile.

636. Les peines portées par les arrêts ou jugements rendus en matière correctionnelle se prescriront par cinq années révolues à compter de la date de l'arrêt ou du jugement rendu en dernier ressort ; et à l'égard des peines prononcées par les tribunaux de première instance, à compter du jour où ils ne pourront plus être attaqués par la voie de l'appel.

637. L'action publique et l'action civile résultant d'un crime de nature à entraîner la peine de mort ou des peines afflictives perpétuelles, ou de tout autre crime emportant peine afflictive ou infamante, se prescriront après dix années révolues à compter du jour où le crime aura été commis, si dans cet intervalle il n'a été fait aucun acte d'instruction ni de poursuite.

S'il a été fait, dans cet intervalle, des actes d'instruction ou de poursuite non suivis de jugement, l'action publique et l'action civile ne se prescriront qu'après dix années révolues, à compter du dernier acte, à l'égard même des personnes qui ne seraient pas impliquées dans cet acte d'instruction ou de poursuite.

638. Dans les deux cas exprimés en l'article précédent, et suivant les distinctions d'époques qui y sont établies, la durée de la prescription sera réduite à trois années révolues s'il s'agit d'un délit de nature à être puni correctionnellement.

639. Les peines portées par les jugements rendus pour contraventions de police seront prescrites après deux années révolues, savoir : pour les peines prononcées par arrêt ou jugement en dernier ressort, à compter du jour de l'arrêt ; et, à l'égard des peines prononcées par les tribunaux de première instance, à compter du jour où ils ne pourront plus être attaqués par la voie de l'appel.

640. L'action publique et l'action civile pour une contravention de police seront prescrites après une année révolue, à compter du jour où elle aura été commise, même lorsqu'il y aura eu procès-verbal, saisie, instruction ou poursuite. Si dans cet intervalle il n'est point intervenu,

de condamnation, s'il y a eu un jugement définitif de première instance de nature à être attaqué par la voie de l'appel, l'action publique et l'action civile se prescriront après une année révolue, à compter de la notification de l'appel qui en aura été interjeté.

641. En aucun cas, les condamnés par défaut ou par contumace, dont la peine est prescrite, ne pourront être admis à se présenter pour purger le défaut ou la contumace.

642. Les condamnations civiles portées par les arrêts ou par les jugement rendus en matière criminelle, correctionnelle ou de police, et devenus irrévocables, se prescriront d'après les règles établies par le Code civil.

643. Les dispositions du présent chapitre ne dérogent point aux lois particulières relatives à la prescription des actions résultant de certains délits ou de certaines contraventions.

ART. 189.
CODE PÉNAL ORDINAIRE.

15. Les hommes condamnés aux travaux forcés seront employés aux travaux les plus pénibles : ils traîneront à leurs pieds un boulet, ou seront attachés deux à deux avec une chaîne, lorsque la nature du travail auquel ils seront employés le permettra.

46. Les femmes et les filles condamnées aux travaux forcés n'y seront employées que dans l'intérieur d'une maison de force.

17. La peine de la déportation consistera à être transporté et à demeurer à perpétuité dans un lieu déterminé par la loi, hors du territoire continental de la France.

Si le déporté rentre sur le territoire français, il sera, sur la seule preuve de son identité, condamné aux travaux forcés à perpétuité.

Le déporté qui ne sera pas rentré sur le territoire français, mais qui sera saisi dans les pays occupés par les armées françaises, sera conduit dans le lieu de sa déportation.

..... Lorsque les communications seront interrompues entre la métropole et le lieu de l'exécution de la peine, l'exécution aura lieu provisoirement en France.

19. La condamnation à la peine de travaux forcés à temps sera prononcée pour cinq ans au moins, et vingt ans au plus.

20. Quiconque aura été condamné à la détention sera renfermé dans l'une des forteresses situées sur le territoire continental de la France, qui auront été déterminées par un décret rendu dans la forme des règlements d'administration publique.

Il communiquera avec les personnes placées dans l'intérieur du lieu de la détention ou avec celles du dehors, conformément aux règlements de police établis par un décret.

La détention ne peut être prononcée pour moins de cinq ans, ni pour plus de vingt ans, sauf le cas prévu par l'article 33.

21. Tout individu de l'un ou de l'autre sexe condamné à la peine de la réclusion, sera renfermé dans une maison de force, et employé à des travaux dont le produit pourra être en partie appliqué à son profit, ainsi qu'il sera réglé par le Gouvernement.

La durée de cette peine sera au moins de cinq années, et de dix ans au plus.

28. La condamnation à la peine des travaux forcés à temps, de la détention, de la réclusion ou du bannissement, emportera la dégradation civique. La dégradation civique sera encourue du jour où la condamnation sera devenue irrévocable, et, en cas de condamnation par contumace, du jour de l'exécution par effigie.

29. Quiconque aura été condamné à la peine des travaux forcés à temps, de la détention ou de la réclusion, sera, de plus, pendant la durée de sa peine, en état d'interdiction légale ; il lui sera nommé un tuteur et un subrogé tuteur pour gérer et administrer ses biens, dans les formes prescrites pour les nominations des tuteurs et subrogés tuteurs aux interdits.

32. Quiconque aura été condamné au bannissement sera transporté, par ordre du Gouvernement, hors du territoire français.

La durée du bannissement sera au moins de cinq années et dix ans au plus.

33. Si le banni, avant l'expiration de sa peine, rentre sur le territoire français, il sera, sur la seule preuve de son identité, condamné à la détention pour un temps au moins égal à celui qui restait à courir jusqu'à l'expiration du bannissement, et qui ne pourra excéder le double de ce temps.

34. La dégradation civique consiste :

1° Dans la destitution et l'exclusion des condamnés de toutes fonctions, emplois ou offices publics ;

2° Dans la privation du droit du vote, d'élection, d'éligibilité, et en général de tous les droits civiques et politiques, et du droit de porter aucune décoration ;

3° Dans l'incapacité d'être juré-expert, d'être employé comme témoin dans des actes, et de déposer en justice autrement que pour y donner de simples renseignements ;

4° Dans l'incapacité de faire partie d'aucun conseil de famille, et d'être tuteur, curateur, subrogé tuteur ou conseil judiciaire, si ce n'est de ses propres enfants, et sur l'avis conforme de la famille ;

5° Dans la privation du droit de port d'armes, du droit de faire partie de la garde nationale, de servir dans les armées françaises, de tenir école, ou d'enseigner et d'être employé dans aucun établissement d'instruction, à titre de professeur, maître ou surveillant.

35. Toutes les fois que la dégradation civique sera prononcée comme peine principale, elle pourra être accompagnée d'un emprisonnement dont la durée, fixée par l'arrêt de condamnation, n'excédera pas cinq ans.

Si le coupable est un étranger ou un Français ayant perdu la qualité de citoyen, la peine de l'emprisonnement devra toujours être prononcée.

36. Tous les arrêts qui porteront la peine de mort, des travaux forcés à perpétuité et à temps, la déportation, la détention, la réclusion, la dégradation civique et le bannissement seront imprimés par extrait.

Ils seront affichés dans la ville centrale du département, dans celle où l'arrêt aura été rendu, dans la commune du lieu où le délit aura été commis, dans celle où se fera l'exécution, et dans celle du domicile du condamné.

70. Les peines des travaux forcés à perpétuité, de la déportation et des travaux forcés à temps ne seront prononcées contre aucun individu âgé de soixante ans accomplis au moment du jugement.

71. Ces peines seront remplacées, à leur égard, savoir : celle de la déportation, par la détention à perpétuité ; et les autres par celle de la réclusion, soit à perpétuité, soit à temps, selon la durée de la peine qu'elle remplacera.

ART. 190.

23 et 34 du Code pénal ordinaire, déjà cité à l'art. 189.

ART. 198.

CODE PÉNAL ORDINAIRE

463. Les peines prononcées par la loi contre celui ou ceux des accusées reconnus coupables, en faveur de qui le jury aura déclaré les circonstances atténuantes, seront modifiées ainsi qu'il suit :

Si la peine prononcée par la loi est la mort, la Cour appliquera la peine des travaux forcés à perpétuité ou celle des travaux forcés à temps.

Si la peine est celle des travaux forcés à perpétuité, la Cour appliquera la peine des travaux forcés à temps ou celle de la réclusion.

Si la peine est celle de la déportation dans une enceinte fortifiée, la Cour appliquera celle de la déportation simple ou celle de la détention ; mais, dans les cas prévus par les articles 96 et 97, la peine de la déportation simple sera seule appliquée (1).

Si la peine est celle de la déportation, la Cour appliquera la peine de détention ou celle du bannissement.

Si la peine est celle des travaux forcés à temps, la Cour appliquera la peine de la réclusion ou les dispositions de l'article 401, sans toutefois pouvoir réduire la durée de l'emprisonnement au-dessous de deux ans.

Si la peine est celle de la réclusion, de la détention, du bannissement ou de la dégradation civique, la Cour appliquera les dispositions de l'article 401, sans toutefois pouvoir réduire la durée de l'emprisonnement au-dessous d'un an.

Dans le cas où le Code prononce le *maximum* d'une peine afflictive, s'il existe des circonstances atténuantes, la Cour appliquera le *minimum* de la peine, ou même la peine inférieure.

Dans tous les cas où la peine de l'emprisonnement et celle de l'amende sont prononcées par le Code pénal, si les circonstances paraissent atténuantes, les tribunaux correctionnels sont autorisés, même en cas de récidive, à réduire l'emprisonnement même au-dessous de six jours, et l'amende même au-dessous de seize francs. Ils pourront aussi prononcer séparément l'une ou l'autre de ces peines, et même substituer l'amende à l'emprisonnement, sans qu'en aucun cas elle puisse être au-dessous des peines de simple police.

ART. 199.
CODE PÉNAL ORDINAIRE.

66. Lorsque l'accusé aura moins de seize ans, s'il est décidé qu'il a agi *sans discernement*, il sera acquitté ; mais il sera, selon les circonstances, remis à ses parents, ou conduit dans une maison de correction, pour y être élevé et détenu pendant tel nombre d'années que le juge-

---

(1) 96. Quiconque, soit pour envahir des domaines, propriétés ou deniers publics, places, villes, forteresses, postes, magasins, arsenaux, ports, vaisseaux ou bâtiments appartenant à l'État, soit pour piller ou partager des propriétés publiques ou nationales, ou celles d'une généralité de citoyens, soit enfin pour faire attaque ou résistance envers la force publique agissant contre les auteurs de ces crimes, se sera mis à la tête de bandes armées, ou y aura exercé une fonction ou commandement quelconque, sera puni de mort.

Les mêmes peines seront appliquées à ceux qui auront dirigé l'association, levé ou fait lever, organisé ou fait organiser les bandes, ou leur auront, sciemment et volontairement, fourni ou procuré des armes, munitions et instruments de crime, ou envoyé des convois de subsistances, ou qui auront de toute autre manière pratiqué des intelligences avec les directeurs ou commandants des bandes.

ment déterminera, et qui toutefois ne pourra excéder l'époque où il aura accompli sa vingtième année.

67. S'il est décidé qu'il a agi *avec discernement,* les peines seront prononcées ainsi qu'il suit :

S'il a encouru la peine de mort, des travaux forcés à perpétuité, de la déportation, il sera condamné à la peine de dix à vingt ans d'emprisonnement dans une maison de correction.

S'il a encouru la peine des travaux forcés à temps, de la détention ou de la réclusion, il sera condamné à être enfermé dans une maison de correction, pour un temps égal au tiers au moins et à la moitié au plus de celui pour lequel il aurait pu être condamné à l'une de ces peines.

Dans tous les cas, il pourra être mis, par l'arrêt ou le jugement, sous la surveillance de la haute police pendant 5 ans au moins et 10 ans au plus.

S'il a encouru la peine de la dégradation civique ou du bannissement, il sera condamné à être enfermé, d'un an à cinq, dans une maison de correction.

69. Dans tous les cas où le mineur de seize ans n'aura commis qu'un simple délit, la peine qui sera prononcée contre lui ne pourra s'élever au-dessus de la moitié de celle à laquelle il aurait pu être condamné s'il avait eu seize ans.

(No 14). ART. 201.
CODE PÉNAL ORDINAIRE.

401. Les autres vols non spécifiés dans la présente section, les larcins et filouteries, ainsi que les tentatives de ces mêmes délits, seront punis d'un emprisonnement d'un an au moins et de cinq ans au plus, et pourront l'être même d'une amende qui sera de seize francs au moins et de cinq cents francs au plus.

Les coupables pourront encore être interdits des droits mentionnés en l'article 42 du présent Code (1), pendant cinq ans au moins et dix ans au plus, à compter du jour où ils auront subi leur peine.

---

(1) 42. Les tribunaux jugeant correctionnellement pourront, dans certains cas, interdire, en tout ou en partie, l'exercice des droits civiques, civils et de famille suivants :

1° De vote et d'élection ;

2° D'éligibilité ;

3° D'être appelé ou nommé aux fonctions de juré ou autres fonctions publiques, ou aux emplois de l'administration, ou d'exercer ces fonctions ou emplois ;

5° De vote et de suffrage dans les délibérations de famille ;

4° Du port d'armes ;

6° D'être tuteur, curateur, si ce n'est de ses enfants et sur l'avis seulement de la famille ;

7° D'être expert ou employé comme témoin dans les actes ;

8° De témoignage en justice, autrement que pour y faire de simples déclarations.

Ils pourront aussi être mis, par l'arrêt ou le jugement, sous la surveillance de la haute police pendant le même nombre d'années.

Quiconque, sachant qu'il est dans l'impossibilé absolue de payer, se sera fait servir des boissons ou des aliments qu'il aura consommés, en tout ou en partie dans des établissements à ce destinés, sera puni d'un emprisonnement de six jours au moins et de six mois au plus, et d'une amende de seize francs au moins et de deux cents francs au plus. (Loi du 26 juillet 1873).

402. Ceux qui, dans les cas prévus par le Code de Commerce, seront déclarés coupables de banqueroute seront punis ainsi qu'il suit :

Les banqueroutiers frauduleux seront punis de la peine des travaux forcés à temps.

Les banqueroutiers simples seront punis d'un emprisonnement d'un mois au moins et de deux ans au plus.

403. Ceux qui, conformément au Code de commerce, seront déclarés complices de banqueroute frauduleuse, seront punis de la même peine que les banqueroutiers frauduleux.

405. Quiconque, soit en faisant usage de faux noms ou de fausses qualités, soit en employant des manœuvres frauduleuses pour persuader l'existence de fausses entreprises, d'un pouvoir ou d'un crédit imaginaire, ou pour faire naître l'espérance ou la crainte d'un succès, d'un accident ou de tout autre événement chimérique, se sera fait remettre ou délivrer, ou aura tenté de se faire remettre ou des fonds, des meubles ou des obligations, dispositions, billets, promesses, quittances ou décharges, et aura, par un de ces moyens, escroqué ou tenté d'escroquer la totalité ou partie de la fortune d'autrui, sera puni d'un emprisonnement d'un an au moins et de cinq ans au plus, et d'une amende de cinquante francs au moins et de trois mille francs au plus.

Le coupable pourra être, en outre, à compter du jour où il aura subi sa peine, interdit, pendant cinq ans au moins et dix ans au plus, des droits mentionnés en l'article 42 du présent Code ; le tout, sauf les peines plus graves, s'il y a crime de faux.

406. Quiconque aura abusé des besoins, des faiblesses ou des passions d'un mineur, pour lui faire souscrire, à son préjudice, des obligations, quittances ou décharges, pour prêt d'argent ou de choses mobilières, ou d'effets de commerce, ou de tous autres objets obligatoires, sous quelque forme que cette négociation ait été faite ou déguisée, sera puni

d'un emprisonnement de deux mois au moins, de deux ans au plus, et d'une amende qui ne pourra excéder le quart des restitutions et des dommages-intérêts qui seront dus aux parties lésées, ni être moindre de vingt-cinq francs.

La disposition portée au second paragraphe du précédent article pourra de plus être appliquée.

407. Quiconque, abusant d'un blanc-seing qui lui aura été confié, aura frauduleusement écrit au-dessus une obligation ou décharge, ou tout autre acte pouvant compromettre la personne ou la fortune du signataire, sera puni des peines portées en l'article 405.

Dans le cas où le blanc-seing ne lui aurait pas été confié, il sera poursuivi comme faussaire et puni comme tel.

408. Quiconque aura détourné ou dissipé, au préjudice des propriétaires, possesseurs ou détenteurs, des effets, deniers, marchandises, billets, quittances ou tous autres écrits contenant ou opérant obligation ou décharge, qui ne lui auraient été remis qu'à titre de louage, de dépôt, de mandat, de nantissement, de prêt à usage, ou pour un travail salarié ou non salarié, à la charge de les rendre ou représenter, ou d'en faire un usage ou un emploi déterminé, sera puni des peines portées en l'article 406.

Si l'abus de confiance prévu et puni par le précédent paragraphe a été commis par un officier public ou ministériel, ou par un domestique, homme de service à gages, élève, clerc, commis, ouvrier, compagnon ou apprenti, au préjudice de son maître, la peine sera celle de la réclusion.

Le tout sans préjudice de ce qui est dit aux articles 254, 255 et 256, relativement aux soustractions et enlèvements de deniers, effets ou pièces commis dans les dépôts publics.

ART. 202.
CODE PÉNAL ORDINAIRE.

2. Toute tentative de *crime* qui aura été manifestée par un commencement d'exécution, si elle n'a été suspendue ou si elle n'a manqué son effet que par des circonstances indépendantes de la volonté de son auteur, est considérée comme le *crime* même.

3. Les tentatives de *délits* ne sont considérées comme *délits* que dans les cas déterminés par une disposition spéciale de la loi.

59. Les complices d'un crime ou d'un délit seront punis de la même peine que les auteurs mêmes de ce crime ou de ce délit, sauf le cas où la loi en aurait disposé autrement.

60. Seront punis comme complices d'une action qualifiée crime ou délit, ceux qui, par dons, promesses, menaces, abus d'autorité ou de pouvoir, machinations ou artifices coupables, auront provoqué à cette action, ou donné des instructions pour la commettre.

Ceux qui auront procuré des armes, des instruments, ou tout autre moyen qui aura servi à l'action, sachant qu'ils devaient y servir ;

Ceux qui auront, avec connaissance, aidé ou assisté l'auteur ou les auteurs de l'action, dans les faits qui l'auront préparée ou facilitée, ou dans ceux qui l'auront consommée : sans préjudice des peines qui seront spécialement portées par le présent Code contre les auteurs de complots ou de provocations attentatoires à la sûreté intérieure ou extérieure de l'État, même dans le cas où le crime qui était l'objet des conspirateurs ou des provocateurs n'aurait pas été commis.

61. Ceux qui, connaissant la conduite criminelle des malfaiteurs exerçant des brigandages ou des violences contre la sûreté de l'État, la paix publique, les personnes ou les propriétés, leur fournissent habituellement logement, lieu de retraite ou de réunion, seront punis comme leurs complices.

62. Ceux qui sciemment auront recélé, en tout ou en partie, des choses enlevées, détournées ou obtenues à l'aide d'un crime ou d'un délit, seront aussi punis comme complices de ce crime ou délit.

63. Néanmoins la peine de mort, lorsqu'elle sera applicable aux auteurs des crimes, sera remplacée, à l'égard des recéleurs, par celle des travaux forcés à perpétuité.

Dans tous les cas, les peines des travaux forcés à perpétuité ou de la déportation, lorsqu'il y aura lieu, ne pourront être prononcées contre les recéleurs qu'autant qu'ils seront convaincus d'avoir eu, au temps du recélé, connaissance des circonstances auxquelles la loi attache les peines de mort, des travaux forcés à perpétuité et de la déportation ; sinon ils ne subiront que la peine des travaux forcés à temps.

64. Il n'y a ni crime ni délit, lorsque le prévenu était en état de démence au temps de l'action, ou lorsqu'il a été contraint par une force à laquelle il n'a pu résister.

65. Nul crime ou délit ne peut être excusé, ni la peine mitigée, que dans les cas et dans les circonstances où la loi déclare le fait excusable, ou permet de lui appliquer une peine moins rigoureuse.

ART. 216.
CODE PÉNAL ORDINAIRE.

237. Toutes les fois qu'une évasion de détenus aura lieu, les huissiers, les commandants en chef ou en sous ordre, soit de la gendarmerie, soit

de la force armée servant d'escorte ou garnissant les postes, les concierges, gardiens, geôliers, et tous autres préposés à la conduite, au transport ou à la garde des détenus, seront punis ainsi qu'il suit.

238. Si l'évadé était prévenu de délits de police, ou de crimes simplement infamants, s'il était prisonnier de guerre, les préposés à sa garde ou conduite seront punis, en cas de négligence, d'un emprisonnement de six jours à deux mois ; et en cas de connivence, d'un emprisonnement de six mois à deux ans.

Ceux qui, n'étant pas chargés de la garde ou de la conduite du détenu, auront procuré ou facilité son évasion, seront punis de six jours à trois mois d'emprisonnement.

239. Si les détenus évadés, ou l'un d'eux, étaient prévenus ou accusés d'un crime de nature à entraîner une peine afflictive à temps, ou condamnés pour l'un de ces crimes, la peine sera, contre les préposés à la garde ou conduite, en cas de négligence, un emprisonnement de deux mois à six mois ; en cas de connivence, la réclusion.

Les individus non chargés de la garde des détenus, qui auront procuré ou facilité l'évasion, seront punis d'un emprisonnement de trois mois à deux ans.

240. Si les évadés, ou si l'un d'eux, sont prévenus ou accusés de crimes de nature à entraîner la peine de mort ou des peines perpétuelles, ou s'ils sont condamnés à l'une de ces peines, leurs conducteurs ou gardiens seront punis d'un an à deux ans d'emprisonnement, en cas de négligence, et des travaux forcés à temps, en cas de connivence.

Les individus non chargés de la conduite ou de la garde qui auront facilité ou procuré l'évasion, seront punis d'un emprisonnement d'un an au moins et de cinq ans au plus.

241. Si l'évasion a eu lieu ou a été tentée avec violences ou bris de prison, les peines contre ceux qui l'auront favorisée en fournissant des instruments propres à l'opérer, seront :

Si le détenu qui s'est évadé se trouve dans le cas prévu par l'article 238, trois mois à deux ans d'emprisonnement ; au cas de l'article 239, un an à quatre ans d'emprisonnement ; au cas de l'article 240, deux ans à cinq ans de la même peine et une amende de cinquante francs à deux mille francs.

Dans ce dernier cas, les coupables pourront, en outre, être privés des droits mentionnés en l'article 42 du présent Code, pendant cinq ans au moins et dix ans au plus, à compter du jour où ils auront subi leur peine.

242. Dans tous les cas ci-dessus, lorsque les tiers qui auront procuré ou facilité l'évasion y seront parvenus en corrompant les gardiens ou

geôliers, ou de connivence avec eux, ils seront punis des mêmes peines que lesdits gardiens ou geôliers.

243. Si l'évasion avec bris ou violence a été favorisée par transmission d'armes, les gardiens et conducteurs qui y auront participé seront punis des travaux forcés à perpétuité ; les autres personnes des travaux forcés à temps.

247. Les peines d'emprisonnement ci-dessus établies contre les conducteurs ou les gardiens, en cas de négligence seulement, cesseront lorsque les évadés seront repris ou représentés, pourvu que ce soit dans les quatre mois de l'évasion, et qu'ils ne soient pas arrêtés pour d'autres crimes ou délits commis postérieurement.

248. Ceux qui auront recélé ou fait recéler des personnes qu'ils savaient avoir commis des crimes emportant peine afflictive, seront punis de trois mois d'emprisonnement au moins et de deux ans au plus.

Sont exceptés de la présente disposition les ascendants ou descendants, époux ou épouse même divorcés, frères ou sœurs de criminels recélés, ou leurs alliés aux mêmes degrés.

ART. 233.
LOI DU 19 MAI 1834 SUR L'ÉTAT DES OFFICIERS.

1er. Le grade est conféré par le Chef de l'Etat ; il constitue l'état de l'officier. L'officier ne peut le perdre que par l'une des causes ci-après :

1° Démission acceptée par le Chef de l'Etat ;

2° Perte de la qualité de Français, prononcée par jugement ;

3° Condamnation à une peine afflictive ou infamante ;

4° Condamnation à une peine correctionnelle, pour délits prévus par la section 1re et les articles 402, 403, 405, 406 et 407 du chapitre 2 du titre II du livre III du Code pénal ;

5° Condamnation à une peine correctionnelle d'emprisonnement, et qui, en outre, a placé le condamné sous la surveillance de la haute police, et l'a interdit des droits civiques, civils et de famille ;

6° Destitution prononcée par jugement d'un conseil de guerre.

Indépendamment des cas prévus par les autres lois en vigueur, la destitution sera prononcée pour les causes ci-après déterminées :

1° A l'égard de l'officier en activité, pour l'absence illégale de son corps, après trois mois ;

2° A l'égard de l'officier en activité, en disponibilité ou en non-activité, pour résidence hors de l'empire sans l'autorisation du Chef de l'Etat, après quinze jours d'absence.

ART. 248.
CODE PÉNAL ORDINAIRE.

381. Seront punis des travaux forcés à perpétuité les individus coupables de vols commis avec la réunion des cinq circonstances suivantes :

1° Si le vol a été commis la nuit ;

2° S'il a été commis par deux ou plusieurs personnes ;

3° Si les coupables ou l'un d'eux étaient porteurs d'armes apparentes ou cachées ;

4° S'ils ont commis le crime, soit à l'aide d'effraction extérieure, ou d'escalade, ou de fausses clefs, dans une maison, appartement, chambre ou logement habités ou servant à l'habitation, ou leurs dépendances, soit en prenant le titre d'un fonctionnaire public ou d'un officier civil ou militaire, ou après s'être revêtus de l'uniforme ou du costume du fonctionnaire ou de l'officier, ou en alléguant un faux ordre de l'autorité civile ou militaire ;

5° S'ils ont commis le crime avec violence ou menace de faire usage de leurs armes.

382. Sera puni de la peine des travaux forcés à temps, tout individu coupable de vol commis à l'aide de violence. Si la violence à l'aide de laquelle le vol a été commis a laissé des traces de blessures ou de contusions, cette circonstance seule suffira pour que la peine des travaux forcés à perpétuité soit prononcée.

383. Les vols commis sur les chemins publics emporteront la peine des travaux forcés à perpétuité, lorsqu'ils auront été commis avec deux des circonstances prévues dans l'article 381.

Ils emporteront la peine des travaux forcés à temps, lorsqu'ils auront été commis avec une seule de ces circonstances.

Dans les autres cas, la peine sera celle de la réclusion.

384. Sera puni de la peine des travaux forcés à temps, tout individu coupable de vol commis à l'aide d'un des moyens énoncés dans le n° 4 de l'article 381, même quoique l'effraction, l'escalade et l'usage des fausses clefs aient eu lieu dans des édifices, parcs ou enclos non servant à l'habitation et non dépendants des maisons habitées, et lors même que l'effraction n'aurait été qu'intérieure.

385. Sera également puni de la peine des travaux forcés à temps, tout individu coupable de vol commis avec deux des trois circonstances suivantes :

1° Si le vol a été commis la nuit ;

2° S'il a été commis dans une maison habitée ou dans un des édifices consacrés aux cultes légalement établis en France ;

3° S'il a été commis par deux ou plusieurs personnes ;

Et si, en outre, le coupable, ou l'un des coupables était porteur d'armes apparentes ou cachées.

390. Est réputé *maison habitée*, tout bâtiment, logement, loge, cabane, même mobile, qui, sans être actuellement habité, est destiné à l'habitation, et tout ce qui en dépend, comme cours, basses-cours, granges, écuries, édifices qui y sont enfermés, quel qu'en soit l'usage, et quand même ils auraient une clôture particulière dans la clôture ou enceinte générale.

391. Est réputé *parc* ou *enclos*, tout terrain environné de fossés, de pieux, de claies, de planches, de haies vives ou sèches, ou de murs de quelque espèce de matériaux que ce soit, quelles que soient la hauteur, la profondeur, la vétusté, la dégradation de ces diverses clôtures, quand il n'y aurait pas de porte fermant à clef ou autrement, ou quand la porte serait à claire-voie et ouverte habituellement.

392. Les parcs mobiles destinés à contenir du bétail dans la campagne, de quelque matière qu'ils soient faits, sont aussi réputés enclos : et, lorsqu'ils tiennent aux cabanes mobiles ou autres abris destinés aux gardiens, ils sont réputés dépendants de maison habitée.

393. Est qualifié *effraction*, tout forcement, rupture, dégradation, démolition, enlèvement de murs, toits, planchers, portes, fenêtres, serrures, cadenas ou autres ustensiles ou instruments servant à fermer ou à empêcher le passage, et de toute espèce de clôture, quelle qu'elle soit.

394. Les effractions sont extérieures ou intérieures.

395. Les effractions extérieures sont celles à l'aide desquelles on peut s'introduire dans les maisons, cours, basses-cours, enclos ou dépendances, ou dans les appartements ou logements particuliers.

396. Les infractions intérieures sont celles qui, après l'introduction dans les lieux mentionnés en l'article précédent, sont faites aux portes ou clôtures du dedans, ainsi qu'aux armoires ou autres meubles fermés.

Est compris dans la classe des effractions intérieures, le simple enlèvement des caisses, boîtes, ballots sous toile et corde, et autres meubles fermés, qui contiennent des effets quelconques, bien que l'effraction n'ait pas été faite sur le lieu.

397. Est qualifiée *escalade*, toute entrée dans les maisons, bâtiments, cours, basses-cours, édifices quelconques, jardins, parcs et enclos, exécutée par dessus les murs, portes, toitures ou tout autre clôture.

L'entrée par une ouverture souterraine, autre que celle qui a été établie pour servir d'entrée, est une circonstance de même gravité que l'escalade.

398. Sont qualifiés *fausses clefs*, tous crochets, rossignols, passe-partout, clefs imitées, contrefaites, altérées, ou qui n'ont pas été destinées par le propriétaire, locataire, aubergiste ou logeur, aux serrures, cadenas ou aux fermetures quelconques auxquelles le coupable les aura employés.

ART. 261.
CODE PÉNAL ORDINAIRE.

177. Tout fonctionnaire public de l'ordre administratif ou judiciaire, tout agent ou préposé d'une administration publique, qui aura agréé des offres ou promesses, ou reçu des dons ou présents pour faire un acte de sa fonction ou de son emploi, même juste, mais non sujet à salaire, sera puni de la dégradation civique, et condamné à une amende double de la valeur des promesses agréées ou des choses reçues, sans que ladite amende puisse être inférieure à deux cents francs.

La présente disposition est applicable à tout fonctionnaire, agent ou préposé de la qualité ci-dessus exprimée, qui, par offres ou promesses agréées, dons ou présents reçus, se sera abstenu de faire un acte qui entrait dans l'ordre de ses devoirs.

Sera puni de la même peine tout arbitre ou expert nommé soit par le tribunal, soit par les parties, qui aura agréé des offres ou promesses, ou reçu des dons ou présents pour rendre une décision ou donner une opinion favorable à l'une des parties.

179. Quiconque aura contraint ou tenté de contraindre par voies de fait ou menaces, corrompu ou tenté de corrompre, par promesses, offres, dons ou présents, l'une des personnes de la qualité exprimée en l'article 177, pour obtenir soit une opinion favorable, soit des procès-verbaux, états, certificats ou estimations contraires à la vérité, soit des places, emplois, adjudications, entreprises ou autres bénéfices quelconques, soit tout autre acte du ministère du fonctionnaire, agent ou préposé, soit enfin l'abstention d'un acte qui rentrait dans l'exercice de ses devoirs, sera puni des mêmes peines que la personne corrompue.

Toutefois, si les tentatives de contrainte ou corruption n'ont eu aucun effet, les auteurs de ces tentatives seront simplement punis d'un emprisonnement de trois mois au moins et de six mois au plus, et d'une amende de cent francs à trois cents francs.

ART. 263.
CODE PÉNAL ORDINAIRE.

169. Tout percepteur, tout commis à une perception, dépositaire ou comptable public, qui aura détourné ou soustrait des deniers publics ou privés, ou effets actifs en tenant lieu, ou des pièces, titres, actes, effets mobiliers qui étaient entre ses mains en vertu de ses fonctions, sera puni des travaux forcés à temps, si les choses détournées ou soustraites sont d'une valeur au-dessus de trois mille francs.

170. La peine des travaux forcés à temps aura lieu également, quelle que soit la valeur des deniers ou des effets détournés ou soustraits, si cette valeur égale ou excède soit le tiers de la recette ou du dépôt, s'il s'agit de deniers ou effets une fois reçus ou déposés, soit le cautionnement, s'il s'agit d'une recette ou d'un dépôt attaché à une place sujette à cautionnement, soit enfin le tiers du produit commun de la recette pendant un mois, s'il s'agit d'une recette composée de rentrées successives et non sujette à cautionnement.

174. Tous fonctionnaires, tous officiers publics, leurs commis ou préposés, tous percepteurs des droits, taxes, contributions, deniers, revenus publics ou communaux, et leurs commis ou préposés, qui se seront rendus coupables du crime de concussion, en ordonnant de percevoir ou en exigeant ou en recevant ce qu'ils savaient n'être pas dû ou excéder ce qui était dû pour droits, taxes, contributions, deniers ou revenus, ou pour salaires ou traitements, seront punis, savoir : les fonctionnaires ou les officiers publics, de la peine de la réclusion, et leurs commis ou préposés, d'un emprisonnement de deux ans au moins et de cinq ans au plus, lorsque la totalité des sommes indûment exigées ou reçues, et dont la perception a été ordonnée, a été supérieure à trois cents francs.

Toutes les fois que la totalité de ces sommes n'excédera pas trois cents francs, les fonctionnaires ou les officiers publics ci-dessus désignés seront punis d'un emprisonnement de deux à cinq ans, et leurs commis ou préposés, d'un emprisonnement d'une année au moins et de quatre ans au plus.

La tentative de ce délit sera punie comme le délit lui-même.

Dans tous les cas où la peine d'emprisonnement sera prononcée, les coupables pourront, en outre, être privés des droits mentionnés en l'article 42 du présent Code pendant cinq ans au moins et dix ans au plus, à compter du jour où ils auront subi leur peine ; ils pourront aussi être mis, par l'arrêt ou le jugement, sous la surveillance de la haute police pendant le même nombre d'années.

Dans tous les cas prévus par le présent article, les coupables seront condamnés à une amende dont le maximum sera le quart des restitutions et des dommages-intérêts, et le minimum le douzième.

Les dispositions du présent article sont applicables aux greffiers et officiers ministériels, lorsque le fait a été commis à l'occasion des recettes dont ils sont chargés par la loi.

175. Tout fonctionnaire, tout officier public, tout agent du Gouvernement, qui, soit ouvertement, soit par actes simulés, soit par interposition de personnes, aura pris ou reçu quelque intérêt que ce soit dans les actes, adjudications, entreprises ou régies dont il a ou avait, au temps de l'acte, en tout ou en partie, l'administration ou la surveillance, sera puni d'un emprisonnement de six mois au moins et de deux ans au plus et sera condamné à une amende qui ne pourra excéder le quart des restitutions et des indemnités, ni être au-dessous du douzième.

Il sera de plus déclaré à jamais incapable d'exercer aucune fonction publique.

La présente disposition est applicable à tout fonctionnaire ou agent du Gouvernement qui aura pris un intérêt quelconque dans une affaire dont il était chargé d'ordonnancer le paiement ou de faire la liquidation.

ART. 267.

CODE PÉNAL ORDINAIRE.

463. Les peines prononcées par la loi contre celui ou ceux des accusés reconnus coupables, en faveur de qui le jury aura déclaré les circonstances atténuantes, seront modifiées ainsi qu'il suit :

Si la peine prononcée par la loi est la mort, la Cour appliquera la peine des travaux forcés à perpétuité ou celle des travaux forcés à temps.

Si la peine est celle des travaux forcés à perpétuité, la Cour appliquera la peine des travaux forcés à temps ou celle de la réclusion.

Si la peine est celle de la déportation dans une enceinte fortifiée, la Cour appliquera celle de la déportation simple ou celle de la détention ; mais, dans les cas prévus par les articles 96 et 97, la peine de la déportation simple sera seule appliquée (1).

---

(1) 96. Quiconque, soit pour envahir des domaines, propriétés ou deniers publics, places villes, forteresses, postes, magasins, arsenaux, ports, vaisseaux ou bâtiments appartenant à l'État, soit pour piller ou partager des propriétés publiques, ou nationales, ou celles d'une généralité de citoyens, soit enfin pour faire attaque ou résistance envers la force publique agissant contre les auteurs de ces crimes, se sera mis à la tête de bandes armées, ou y aura exercé une fonction ou commandement quelconque, sera puni de mort.

Les mêmes peines seront appliquées à ceux qui auront dirigé l'association, levé ou fait lever, organiser ou fait organiser les bandes, ou leur auront, sciemment et volontairement, fourni ou procuré des armes, munitions et instruments de crime, ou envoyé des convois de subsistances, ou qui auront de toute autre manière pratiqué des intelligences avec les directeurs ou commandants des bandes.

ANNEXE N° 3

*Nomenclature alphabétique des crimes et délits militaires
et des peines qui y sont attachées.* (1)

CRIMES OU DÉLITS.	PEINES.	Art. du Code.
Abandon du poste en présence de l'ennemi ou de rebelles armés	Mort.	213
Idem, sur un territoire en état de guerre ou de siège	2 à 5 ans de prison.	»
Idem, dans tous les autres cas.....:..........	2 à 6 mois de prison.	»
Idem, étant en faction ou en vedette en présence de l'ennemi ou de rebelles armés......	Mort.	211
Idem, sur un territoire en état de guerre ou de siège	2 à 5 ans de travaux publics.	»
Idem, dans tous les autres cas...............	2 mois à 1 an de prison.	»
Absence du poste en cas d'alerte ou à la générale en temps de guerre, aux armées, dans les communes et départements en état de siège et dans des places de guerre, assiégées ou investies......................	6 mois à 2 ans de prison.	214
Absence d'un militaire au conseil de guerre où il est appelé à siéger..................	2 à 6 mois de prison.	215
Achat ou recel d'effets de petit équipement....	6 mois à 1 an de prison.	211
Idem, de chevaux, d'effets d'armement, d'équipement ou d'habillement, de munitions ou de tout autre objet confié pour le service.......	1 à 5 ans de prison.	211
Achat ou recel, ou acceptation en gage d'armes, de munitions, d'effets d'habillement, de grand et de petit équipement, ou de tout autre objet militaire......................	La même peine que l'auteur du délit.	217
Acte d'hostilité commis par un chef militaire, sur un territoire allié ou neutre, sans ordre ou provocation......................	Destitution.	226
Armes portées contre la France	Mort avec dégradation militaire.	204
Attaque sans ordre, ou provocation contre les troupes d'une puissance alliée ou neutre....	Mort.	226

(1) Les tribunaux militaires appliquent les peines portées par les lois pénales ordinaires à tous les crimes ou délits non prévus par le présent Code, et, dans ce cas, s'il existe des circonstances atténuantes, il est fait application aux militaires de l'article 463 du Code pénal. (Art. 267 du Code de Justice militaire.)

CRIMES OU DÉLITS.	PEINES.	Art. du Code.
Blessure volontaire faite à un cheval ou à une bête de somme employée au service de l'armée.	2 à 5 ans de travaux publics.	251
Blessure volontaire faite à un cheval ou à une bête de somme employée au service de l'armée, en cas de circonstances atténuantes.	2 mois à 5 ans de prison	251
Capitulation avec l'ennemi................	Mort avec dégradation militaire.	209
Capitulation en rase campagne............	Mort avec dégradation militaire ou destitution.	210
Commandement pris ou retenu sans ordre ou motif légitime.........................	Mort.	228
Concussion dans le service et dans l'administration militaires....................	5 à 20 ans de travaux forcés.	253
Idem, en cas de circonstances atténuantes.....	5 à 10 ans de réclusion ou 2 à 5 ans de prison.	»
Contrefaçon ou tentative de contrefaçon de sceaux, de timbres ou de marques militaires.	5 à 10 ans de réclusion.	259
Corruption ou contrainte dans le service et dans l'administration militaire............	Dégradation militaire et peine plus grave, s'il y a lieu.	261
En cas de circonstances atténuantes.........	3 mois à 2 ans de prison	219
Dépouillement d'un blessé.................	5 à 10 ans de réclusion.	»
Idem, auquel il est fait de nouvelles blessures..	Mort.	238
Désertion à l'ennemi......................	Mort avec dégradation militaire.	239
Idem, en présence de l'ennemi..............	5 à 10 ans de détention	235 236
Idem, à l'étranger en temps de paix..........	5 à 20 ans de travaux publics (1).	235 236
Idem, en temps de guerre, ou d'un territoire en état de guerre ou de siège...............	5 à 10 ans de travaux publics (1).	231 232
Idem, à l'intérieur en temps de paix.........	2 à 5 ans de prison (2).	231 232
Idem, à l'intérieur en temps de guerre, ou d'un territoire en état de guerre ou de siège......	2 à 5 ans de travaux publics (2).	211

(1) La peine ne peut être moindre de trois ans pour le premier cas et de sept ans pour le second, si le coupable a emporté des armes, des effets d'habillement ou d'équipement, ou amené son cheval, s'il était de service ou s'il avait déserté antérieurement.

(2) Le minimum est de trois ans, si le déserteur a emporté des armes, des effets d'habillement ou d'équipement, ou emmené son cheval, s'il était de service ou s'il avait déserté antérieurement.

CRIMES OU DÉLITS.	PEINES.	Art. du Code.
Désertion avec complot en présence de l'ennemi, ou étant chef du complot de désertion à l'étranger..........................	Mort.	241
Idem, avec complot, étant chef de complot à l'intérieur........................	5 à 10 ans de travaux publics.	»
Idem, avec complot dans tous les autres cas..	Le maximum de la peine portée pour la désertion.	252
Destruction ou dévastation volontaire d'édifices, bâtiments, ouvrages militaires, magasins, chantiers, vaisseaux, navires, bateaux à l'usage de l'armée...........	5 à 20 ans de travaux forcés.	»
Idem, en cas de circonstances atténuantes	5 à 10 ans de réclusion ou 2 à 5 ans de prison.	253
Destruction, dans un but coupable, en présence de l'ennemi, des moyens de défense de tout ou partie d'un matériel de guerre, des approvisionnements en armes, vivres, munitions, effets de campement, d'équipement, d'habillement.......................	Mort avec dégradation militaire.	»
Idem, hors de la présence de l'ennemi........	5 à 20 ans de détention	251
Destruction ou bris volontaire d'arme, des effets de campement, de casernement, d'équipement ou d'habillement appartenant à l'État.....................	2 à 5 ans de travaux publics.	»
Idem, en cas de circonstances atténuantes....	2 mois à 5 ans de prison	255
Destruction des registres, minutes ou actes originaux de l'autorité militaire...........	5 à 10 ans de réclusion.	»
Idem, en cas de circonstances atténuantes....	2 à 5 ans de prison.	245
Dissipation ou détournement d'armes, de munitions, effets ou autres objets remis pour le service	6 mois à 2 ans de prison	265
Distribution de viandes, substances, matières, denrées ou liquides avariés, corrompus ou gâtés	5 à 10 ans de réclusion.	»
Idem, en cas de circonstances atténuantes. ...	1 à 5 ans de prison.	»
Embauchage pour l'ennemi...............	Mort : de plus la dégradation militaire si le coupable est militaire.	208
Espionnage par les ennemis sous des déguisements	Mort.	207
Espionnage pour l'ennemi ou recel d'espions ou d'ennemis.................	Mort avec dégradation militaire.	206

CRIMES OU DÉLITS.	PEINES.	Art. du Code.
Evasion (auteurs ou complices d') de prisonniers de guerre ou détenus, selon la nature du crime ou délit commis par l'évadé, en cas de négligence	6 jours à 5 ans de prison.	216
Idem, en cas de connivence	6 jours à 5 ans de prison ; 50 à 2.000 fr. d'amende ; 5 à 10 ans de réclusion : 5 à 20 ans de travaux forcés ; travaux forcés à perpétuité.	»
Falsification par un militaire de substances, matières, denrées ou liquides donnés à sa garde ou placés sous sa surveillance........	5 à 10 ans de réclusion	265
Idem, en cas de circonstances atténuantes....	1 à 5 ans de prison.	»
Faux sur des états de situation ou de revues ou dans les comptes des comptables........	5 à 20 ans de travaux forcés.	257
Idem, en cas de circonstances atténuantes....	5 à 10 ans de réclusion 2 à 5 ans de prison.	»
Faux certificats de maladie obtenus d'un médecin militaire par dons ou promesses......	Dégradation militaire	262
Hostilités prolongées après l'avis de la paix ou d'une trève ou d'un armistice	Mort.	227
Incendie d'édifices, bâtiments ou ouvrages militaires, des magasins, chantiers, vaisseaux, navires, ou bateaux à l'usage de l'armée.................	Mort avec dégradation militaire.	251
Idem, en cas de circonstances atténuantes....	5 à 20 ans de travaux forcés.	»
Infidélité dans les états de situation ou de revues.............................	5 à 20 ans de travaux forcés.	257
Idem, en cas de circonstances atténuantes.....	5 à 10 ans de réclusion, 2 à 10 ans de prison.	257
Infidélité dans les poids ou mesures des rations.................	2 à 5 ans de prison.	258
Insoumission à la loi du recrutement de l'armée	1 mois à 1 an de prison.	230
Idem, en temps de guerre	2 à 5 ans de prison avec affiche du nom de l'insoumis dans toutes les communes du canton de son domicile, pendant toute la durée de la guerre.	»

CRIMES OU DÉLITS.	PEINES.	Art. du Code.
Instigateurs de pillage en bande, soit avec arme ou force ouverte, soit avec bris de clôture ou violence......................	Mort avec dégradation militaire.	250
Instigateurs ou chefs de rébellion, et militaire le plus élevé en grade....................	Le maximum de la peine contre la rébellion.	225
Insulte envers une sentinelle................	6 jours à 1 an de prison.	220
Meurtre sur la personne de son hôte, sur celle de sa femme ou de ses enfants..............	Mort.	256
Mise en gage d'effets d'armement, de grand équipement, d'habillement ou de tout autre objet confié pour le service................	6 mois à 1 an de prison.	246
Idem, de petit équipement	2 à 6 mois de prison.	»
Mort donnée à un cheval ou bête de trait ou de somme employés au service de l'armée ..	2 à 5 ans de travaux publics.	»
Idem, en cas de circonstances atténuantes....	2 mois à 5 ans de prison	254
Outrages par paroles, gestes ou menaces envers un supérieur, pendant le service ou à l'occasion du service....................	5 à 10 ans de travaux publics.	224
Outrage hors ce cas...................	1 à 5 ans de prison.	»
Pillage ou dégât de denrées, marchandises, effets, commis en bandes, soit avec armes ou force ouverte, soit avec bris de clôture ou violences, pour les instigateurs et les militaires les plus élevés en grade.............	Mort avec dégradation militaire.	250
Idem, pour les autres militaires..............	5 à 20 ans de travaux forcés.	»
Idem, en cas de circonstances atténuantes, pour les instigateurs....................	5 à 20 ans de travaux forcés.	»
Pour les autres militaires....................	5 à 10 ans de réclusion	»
Pillage en bande dans tous les autres cas.....	5 à 10 ans de réclusion	»
En cas de circonstances atténuantes..........	1 à 5 ans de prison.	»
Port illégal de décorations, de médailles, d'uniformes ou d'insignes....................	2 mois à 2 ans de prison	203
Prévarication (infidélités) dans le service et dans l'administration militaire suivant les cas et les circonstances..................	5 à 20 ans de travaux forcés. Dégradation militaire. 5 à 10 ans de réclusion 3 mois à 5 ans de prison	161 à 265
Prisonnier de guerre qui, ayant faussé sa parole, est repris les armes à la main........	Mort.	201
Provocation ou assistance à la désertion par un militaire...........................	Même peine que pour la désertion.	212
Idem, par un individu non militaire..........	2 mois à 5 ans de prison	»

CRIMES OU DÉLITS.	PEINES.	Art. du Code.
Rébellion envers la force armée ou les agents de l'autorité, sans armes..................	2 à 6 mois de prison.	225
Idem, avec armes..........................	6 mois à 2 ans de prison.	»
Rébellion par plus de deux militaires sans armes..............................	2 à 5 ans de prison.	»
Idem, avec armes..........................	5 à 10 ans de réclusion	»
Rébellion par des militaires armés au nombre de huit au moins.......................	Mort ou travaux publics de 5 à 10 ans selon les circonstances.	»
Reddition de place	Mort avec dégradation militaire.	209
Refus d'obéissance pour marcher contre l'ennemi ou pour tout autre service en présence de l'ennemi ou de rebelles armés	Mort avec dégradation militaire.	218
Idem, sur un territoire en état de guerre ou de siège	5 à 10 ans de travaux publics.	»
Idem, dans tous les autres cas	1 à 2 ans de prison.	»
Révolte, suivant la gravité des faits, selon le nombre, la position et le grade de ceux qui y participent, comme pour la rébellion	Mort, 5 à 10 ans de travaux publics.	217
Sommeil d'un factionnaire ou d'une vedette en présence de l'ennemi ou de rebelles armés.	2 à 5 ans de travaux publics.	242
Idem, sur un territoire en état de guerre ou de siège	6 mois à 1 an de prison.	»
Idem, dans tous les autres cas	2 à 6 mois de prison.	»
Soustraction commise par des comptables militaires..............................	5 à 20 ans de travaux forcés.	253
Idem, en cas de circonstances atténuantes....	5 à 10 ans de réclusion, 2 à 5 ans de prison.	»
Tentative de crime........................	La même peine que pour le crime lui-même.	202
Tentative de contrainte ou de corruption n'ayant produit aucun effet......................	3 à 6 mois de prison.	261
Tentative de fraudes en matière de recrutement...............................	La même peine que pour les fraudes elles-mêmes.	270
Trafic à son profit des fonds ou deniers appartenant à l'État ou a des militaires.........	1 à 5 ans de prison.	254
Trahison	Mort avec dégradation militaire.	205
Usage frauduleux ou tentative d'usage frauduleux des sceaux, timbres ou marques militaires...............................	Dégradation militaire.	270
Vente d'effets de petit équipement..........	6 mois à 1 an de prison.	244

CRIMES OU DÉLITS.	PEINES.	Art. du Code.
Vente de son cheval, de ses effets d'armement, d'équipement ou d'habillement, de munition ou de tout autre objet confié pour le service.	1 à 5 ans de prison.	211
Violation de consigne en présence de l'ennemi ou des rebelles armés......................	5 à 20 ans de détention.	219
Idem, sur un territoire en état de guerre ou de siège	2 à 10 ans de travaux publics.	»
Idem, dans tous les autres cas...............	2 mois à 3 ans de prison	»
Violence à main armée envers une sentinelle ou vedette.........................	Mort.	220
Idem, sans armes mais en réunion de plusieurs personnes...........................	5 à 10 ans de travaux publics.	»
Idem, sans armes et par une seule personne..	1 à 5 ans de prison.	»
Voies de fait envers un supérieur avec préméditation et guet-apens.....................	Mort avec dégradation militaire.	221
Voies de fait commises sous les armes envers un supérieur.........................	Mort.	222
Voies de fait envers un supérieur pendant le service ou à l'occasion du service	Mort.	223
Voies de fait hors du service ou sans que cela soit à l'occasion du service................	5 à 10 ans de travaux publics.	»
Voies de fait envers un inférieur sans motif légitime.............................	2 mois à 5 ans de prison.	220
Vol des armes et munitions appartenant à l'État, de l'argent de l'ordinaire, de la solde des deniers ou effets quelconques, appartenant à des militaires ou à l'État si le coupable en est comptable.................	5 à 20 ans de travaux forcés.	218
Idem, en cas de circonstances atténuantes....	5 à 10 ans de réclusion ou 3 à 5 ans de prison.	»
Vol si le coupable n'est pas comptable des choses volées.............................	5 à 10 ans de réclusion.	»
Idem, en cas de circonstances atténuantes....	1 à 5 ans de prison.	»
Vol chez l'hôte..........................	5 à 10 ans de réclusion.	»
Idem, en cas de circonstances atténuantes....	1 à 5 ans de prison.	»
Vols qualifiés par le Code pénal ordinaire selon les circonstances.....................	Travaux forcés à perpétuité, travaux forcés à temps, réclusion ou emprisonnement.	»

ANNEXE N° 4

Loi du 7 juin 1848 sur les attroupements.

La Commission du Pouvoir exécutif a proposé, l'Assemblée Nationale a adopté, la Commission du Pouvoir exécutif promulgue le décret dont la teneur suit :

Art. 1ᵉʳ. — Tout attroupement armé formé sur la voie publique est interdit.

Est également interdit sur la voie publique tout attroupement non armé qui pourrait troubler la tranquillité publique.

Art. 2. — L'attroupement est armé : 1° Quand plusieurs des individus qui le composent sont porteurs d'armes apparentes ou cachées : 2° Lorsqu'un seul de ces individus, porteurs d'armes apparentes, n'est pas immédiatement expulsé de l'attroupement par ceux-là mêmes qui en font partie.

Art. 3. — Lorsqu'un attroupement armé ou non armé se sera formé sur la voie publique, le maire ou l'un de ses adjoints, à leur défaut le commissaire de police ou tout autre agent ou dépositaire de la force publique et du pouvoir exécutif, portant l'écharpe tricolore, se rendra sur le lieu de l'attroupement.

Un roulement de tambour annoncera l'arrivée du magistrat.

Si l'attroupement est armé, le magistrat lui fera sommation de se dissoudre et de se retirer.

Cette première sommation restant sans effet, une seconde sommation précédée d'un roulement de tambour, sera faite par le magistrat.

En cas de résistance, l'attroupement sera dissipé par la force.

Si l'attroupement est sans armes, le magistrat, après le premier roulement, exhortera les citoyens à se disperser. S'ils ne se retirent pas, trois sommations seront successivement faites.

En cas de résistance, l'attroupement sera dissipé par la force.

Art. 4. — Quiconque aura fait partie d'un rassemblement armé, sera puni comme il suit :

Si l'attroupement s'est dissipé après la première sommation et sans avoir fait usage de ses armes, la peine sera d'un mois à un an d'emprisonnement.

Si l'attroupement s'est formé pendant la nuit, la peine sera d'un an à trois ans d'emprisonnement.

Néanmoins il ne sera prononcé aucune peine pour fait d'attroupement contre ceux qui, en ayant fait partie, sans être personnellement armés, se seront retirés sur la première sommation de l'autorité.

Si l'attroupement ne s'est dissipé qu'après la deuxième sommation, mais avant l'emploi de la force, et sans qu'il ait fait usage de ses armes, la peine sera de un à trois ans, et de deux à cinq ans, si l'attroupement s'est formé pendant la nuit.

Si l'attroupement ne s'est dissipé que devant la force ou après avoir fait usage de ses armes, la peine sera de cinq à dix ans de détention pour le premier cas, et de cinq à dix ans de réclusion pour le second cas. Si l'attroupement s'est formé pendant la nuit, la peine sera la réclusion.

L'aggravation de peine, résultant des circonstances prévues par la disposition du § 3 qui précède, ne sera applicable aux individus non armés faisant partie d'un attroupement réputé armé dans le cas d'armes cachées, que lorsqu'ils auront eu connaissance de la présence dans l'attroupement de plusieurs personnes portant des armes cachées, sauf l'application des peines portées par les autres § du présent article.

Dans tous les cas prévus par les troisième, quatrième et cinquième paragraphes du présent article, les coupables condamnés à des peines de police correctionnelle pourront être interdits, pendant un an au moins et cinq ans au plus de tout ou partie des droits mentionnés en l'article 42 du Code pénal.

Art. 5. — Quiconque faisant partie d'un attroupement non armé ne l'aura pas abandonné après le roulement de tambour précédant la deuxième sommation, sera puni d'un emprisonnement de quinze jours à six mois.

Si l'attroupement n'a pu être dissipé que par la force, la peine sera de six mois à deux ans.

Art. 6. — Toute provocation directe à un attroupement armé ou non armé, par des discours proférés publiquement et par des écrits ou des imprimés, affichés ou distribués sera punie comme le crime ou le délit, selon les distinctions ci-dessus établies.

Les imprimeurs, graveurs, lithographes, afficheurs ou distributeurs seront punis comme complices, lorsqu'ils auront agi sciemment.

Si la provocation faite par les moyens ci-dessus n'a pas été suivie d'effet, elle sera punie, s'il s'agit d'une provocation à un attroupement nocturne et armé, d'un emprisonnement de six mois à un an; s'il s'agit d'un attroupement non armé, l'emprisonnement sera de un à trois mois.

ART. 7. — Les poursuites dirigées pour crime ou délit d'attroupement ne font aucun obstacle à la poursuite pour crime ou délits particuliers qui auraient été commis au milieu des attroupements.

ART. 8. — L'article 463 du Code pénal est applicable aux crimes et délits prévus et punis par la présente loi.

ART. 9. — La mise en liberté provisoire pourra toujours être accordée avec ou sans caution.

ART. 10. — Les poursuites pour crimes et délits d'attroupement seront portées devant la Cour d'Assises.

ANNEXE N° 5

Organisation des tribunaux militaires à l'armée.

Paris, 18 juillet 1870.

J'ai l'honneur de vous adresser des instructions sur l'organisation des tribunaux militaires qui devront être institués à l'armée.

FORMATION DES CONSEILS DE GUERRE ET DE RÉVISION.

D'après les prescriptions des articles 33, 37, 38 et 41 du code de justice militaire, deux conseils de guerre peuvent être établis auprès de chaque division, ainsi qu'au quartier général de l'armée, et s'il y a lieu au quartier général de chacun des corps d'armée ; mais tant que les différents corps dont se compose l'armée sont groupés et réunis par masses, il y aurait inutilité, superfétation et souvent même difficulté absolue à établir les différents conseils dont il vient d'être parlé et qui, par leur multiplicité même, pourraient amener l'incertitude et l'embarras dans l'administration de la justice.

Il vous appartient, après avoir apprécié les véritables besoins du service, de donner à l'organisation judiciaire la forme la plus simple et la plus pratique.

C'est au quartier général qu'un conseil de revision doit être institué ; mais, si les besoins du service l'exigent, il peut en être établi un pour une ou plusieurs divisions, pour un ou plusieurs détachements.

La situation où se trouvent les différents corps de l'armée indiquera seule la détermination à prendre à cet égard.

Suivant l'esprit du Code, il importe que les mouvements fréquents de la troupe ne modifient que l'organisation des conseils, sans arrêter jamais la répression des crimes.

COMPOSITION DES PARQUETS MILITAIRES ET DES GREFFES.

Les membres des parquets militaires et les greffiers des conseils de guerre et de revision, formés pour chaque division, sont choisis, comme le président et les juges, parmi les officiers et les sous-officiers des régiments faisant partie de la division (art. 34). Ceux des conseils de guerre et de revision qui peuvent être formés aux quartiers généraux des corps d'armée sont pris parmi tous les militaires de chaque corps d'armée, et ceux des juridictions existant au quartier général de l'armée peuvent l'être parmi les militaires appartenant aux divers corps de l'armée.

NOMINATION DES JUGES.

Quant au président et aux juges, les règles pour leur désignation sont les mêmes que celles suivies dans les divisions territoriales, sauf le tableau prescrit par l'article 19 du Code de justice militaire, dont la formation devient impossible en campagne.

En cas d'insuffisance d'officiers du grade requis pour assurer la composition des conseils de guerre ou de revision, les articles 35 et 41 du Code de justice militaire donnent toute latitude pour composer légalement ces tribunaux, pourvu seulement que trois des juges ne soient pas d'un grade inférieur à celui de l'accusé.

DROIT DES GÉNÉRAUX COMMANDANT LES CORPS D'ARMÉE OU LES DIVISIONS ACTIVES.

En résumé, il ressort de l'ensemble des dispositions des articles 35, 37 et 39 du Code de justice militaire qu'aux armées, la nomination des membres des parquets militaires est, aussi bien que celle des présidents et des juges, laissée d'une manière absolue aux soins des officiers généraux qui ont à pourvoir à l'organisation des tribunaux militaires.

INDEMNITÉS ALLOUÉES AUX GREFFIERS.

En vertu de l'article 10 du décret du 13 novembre 1857 sur les frais de justice militaire, il est alloué aux sous-officiers chargés des fonctions de greffier une indemnité de 15 francs par mois destinée à pourvoir aux différents frais de bureau. Ces sous-officiers reçoivent en outre une indemnité de 25 francs par mois à titre de rémunération de leur travail. S'il était nécessaire de leur adjoindre des commis greffiers, vous auriez à déterminer la somme à leur allouer à ce titre.

SITUATION DES PRÉVENUS.

En ce qui concerne l'action des tribunaux militaires, on devra, avant de leur déférer un prévenu, avoir égard au grade dont il est revêtu pour le traduire devant le conseil dont il est justiciable, selon les distinctions établies par les articles 65, 66 et 67.

COMPÉTENCE DES CONSEILS DE REVISION.

La compétence des conseils de revision et les limites dans lesquelles ils peuvent statuer sont fixées par les articles 72, 73 et 74.

Procédure en campagne.

La procédure en campagne est la même que pendant l'état de paix. Seulement l'article 156 permet de traduire l'accusé directement et sans instruction préalable devant le conseil de guerre : mais il est bien entendu, lors de la discussion du Code de justice pour l'armée de terre, que cette faculté n'était accordée que pour des cas tout à fait exceptionnels et lorsqu'il est tout à fait indispensable d'éviter les délais de l'instruction. Toutes les autres garanties légales indiquées dans les articles 109 et suivants demeurent expressément réservées.

Aucune disposition particulière n'a été édictée relativement à la procédure devant les conseils de revision aux armées, d'où il suit qu'elle est absolument la même que celle déterminée pour l'état de paix.

Établissement et transmission des plaintes en Conseil de Guerre.

Le droit de porter plainte appartient en principe aux chefs de corps ; mais quand un corps vient à être fractionné par suite des exigences du service, ce droit s'étend, aux termes des articles 85 et 95 du Code de justice militaire, au chef du détachement où sert le délinquant, ainsi que l'explique la circulaire en date du 9 juin 1870.

La plainte ne peut être adressée qu'au Général Commandant la brigade où le fait a été commis, et cet officier général, alors même qu'il ne la trouverait pas fondée, doit se borner à la transmettre, avec son avis personnel, au général Divisionnaire, qui décide en dernier ressort s'il convient d'ordonner ou de refuser l'information, conformément à l'article 99 du code de justice militaire.

En même temps qu'il adresse sa plainte au Général Commandant la brigade, le commandant du détachement est tenu d'informer le chef du corps des faits qui se sont passés.

Droit de juridiction sur les habitants.

La situation des troupes pourra entraîner exceptionnellement le droit de juridiction sur les habitants indigènes ou étrangers des États occupés par l'armée française, ainsi qu'il est réglé par l'article 63 du Code de Justice militaire. Néanmoins, ce n'est généralement que sur les actes constituant une atteinte à la sûreté de nos troupes que la compétence de ces tribunaux doit s'étendre. Ce principe qui résulte de la nécessité de faire respecter l'armée dans le pays qu'elle occupe, a été constaté par divers arrêts de la cour de Cassation intervenus à la suite de jugements de condamnation rendus contre des individus reconnus coupables d'actes de rebellion à main armée ou de brigandage. On ne saurait du reste agir avec trop de circonspection, à fin de prévoir tout conflit ou tout acte qui pourraient être considérés, sous le rapport judiciaire, comme un excès de pouvoirs. En cas d'incident qu'il ne serait pas possible de vider immédiatement, il en serait référé au Ministre de la guerre.

TROUPES ALLIÉES.

Dans le cas où des troupes alliées opèrent avec l'armée Française, ces troupes conservent la juridiction qui leur est propre. Aussi, dans le cas où, soit un crime, soit un délit seraient commis de complicité par des Français et des individus appartenant à des troupes alliées, il devrait nécessairement y avoir disjonction, car le droit public de chaque pays, attribuant juridiction à des juges divers, et la loi criminelle de chacun d'eux pouvant déterminer des formes spéciales de procéder et une pénalité particulière, les inculpés devraient être renvoyés devant leurs juges nationaux.

TROUPES EMBARQUÉES.

Conformément au dernier paragraphe de l'article 108 du code de justice pour l'armée de mer, les militaires appartenant à l'armée de terre, embarqués sur les bâtiments de l'Etat, sont soumis aux juridictions maritimes pendant le temps de leur séjour à bord. L'action des conseils de guerre et de revision de l'armée de terre ne commence donc à s'exercer qu'à l'égard des militaires inculpés de crimes ou délits commis après le débarquement; mais, suivant le même principe, ces tribunaux connaissent des crimes et des délits commis par les hommes appartenant au service de la marine qui viendraient à être détachés en corps, ou isolément, comme auxiliaires de l'armée de terre. 1er paragraphe de l'article 108 précité).

POURVOIS EN CASSATION.

Les articles 80 et 81 du Code de justice militaire déterminent les cas dans lesquels le pourvoi en cassation est interdit ou admis. En outre, la circulaire du 28 juillet 1857 explique (4e page) que les pourvois en cassation formés contrairement à la prohibition édictée en l'article 80 ne sont pas suspensifs de l'exécution des jugements.

Néanmoins ces pourvois doivent être adressés, avec les pièces de la procédure, au Ministre de la Guerre, à qui il appartient de les faire parvenir à la Cour suprême, par l'intermédiaire de Son Ex. M. le Ministre de la Justice

Exécution des Condamnations.

L'ordonnance du 1ᵉʳ avril 1812, rappelée dans la circulaire du 28 juillet 1857 (9ᵉ page) et qui concerne les condamnations est toujours en vigueur. Je vous prie de vous y reporter.

En ce qui touche les sursis à l'exécution des condamnations, les articles 150 et 157 du code de justice militaire et l'instruction précitée du 28 juillet 1857 tracent la marche à suivre à l'égard des condamnés susceptibles d'obtenir une commutation de peine. Dans ce cas, vous devez m'adresser le dossier de procédure avec un rapport énonçant les motifs de la condamnation. Vous me ferez connaître en même temps votre opinion sur le degré d'indulgence que le condamné vous paraîtra mériter. Vous renverrez en France, afin d'éviter tout encombrement, les militaires condamnés à plus de trois mois de prison, qui ne pourraient être conservés à l'armée.

Dégradation et Parade.

Avant leur mise en route, les condamnés à des peines afflictives et infamantes devront être dégradés, et les condamnés aux travaux publics conduits à la parade. Il est bien entendu que l'accomplissement de cette formalité serait suspendu à l'égard de ceux en faveur desquels une proposition de commutation de peine aurait été formulée.

Pièces devant accompagner les Condamnés.

Tout condamné dirigé sur France devra être accompagné des pièces nécessaires pour son écrou, dans l'établissement où il aura à subir sa peine, et, notamment, d'un extrait de jugement (formule 18) contenant l'indication précise de la date du délit et du jour où la peine aura commencé à courir, conformément aux dispositions de l'article 200 du Code de justice militaire.

Prisons militaires hors de France.

Quant aux militaires maintenus hors de France, en état de détention, à quelque titre que ce soit, leur garde et leur surveillance seront confiées à un sous-officier détaché de son corps. Des caporaux ou simples soldats lui seront adjoints au besoin. Les militaires chargés de ce service recevront une indemnité mensuelle de 25 francs pour l'agent principal et de 20 francs pour les surveillants.

Un état de situation de chaque prison me sera adressé mensuellement (Modèle M. annexé au règlement du 20 juin 1863 sur les prisons militaires).

Refus d'informer. — Ordonnance de non-lieu.

Vous voudrez bien me faire parvenir aussi un état de refus d'informer et des ordonnances de non-lieu qui auront été prononcées et vous m'indiquerez exactement les noms des officiers et des sous-officiers nommés aux fonctions de commissaire de Gouvernement, de rapporteur, de substitut, de greffier ou de commis greffier, ainsi que les mutations survenues parmi eux.

Extraits de jugement. — Décision des Conseils de révision.

MM. les Commissaires du gouvernement adresseront chaque mois au Ministre avec un état nominatif (formule 21), un extrait (formule 17) de chacun des jugements rendus pendant le mois précédent, lorsqu'ils seront devenus définitifs ou auront été annulés. Ils y joindront les extraits des jugements de condamnations destinés au domaine (formule 20), pour le recouvrement des frais de procédure ; ces dernières pièces, qui porteront toutes à l'exécutoire, seront transmises par les soins du Ministère de la Guerre à Son Exc. M. le Ministre des finances.

Le Commissaire spécial près le conseil de révision me fera également l'envoi d'une expédition de chacune des décisions de ce tribunal (formule 23).

Quant aux bulletins de condamnation destinés aux casiers judiciaires, les greffiers sont dispensés de les établir ; ces bulletins sont adressés à qui de droit par les soins de mon département.

Archives des Tribunaux militaires.

Lors de la rentrée des troupes, ou plus tôt, si vous le reconnaissez possible et nécessaire, vous voudrez bien m'adresser (Bureau de la Justice militaire) les archives des tribunaux militaires, y compris les exemplaires des Codes et les imprimés non employés.

Droits et Fonctions de Grands Prévôts et de Prévôts de l'armée. (1)

Indépendamment des attributions qui leur sont conférées par le titre XVII du règlement du 3 mai 1832, sur le service de l'armée en campagne, et par le Chapitre V du décret d'organisation de la gendarmerie, en date du 1er mars 1854, les grands prévôts et les prévôts de l'armée sont investis des fonctions judiciaires lorsque l'armée est sur le territoire étranger.

---

(1) Extraits du Code de Justice militaire concernant la prévôté.

Le ressort des tribunaux de Prévôté s'étend sur tout le territoire occupé par l'armée et sur les flancs et les derrières de l'armée (article 52 du Code de justice militaire). L'article 75, détermine les règles de leur compétence, et les articles 173 et 174 fixent leur mode de procéder. Les officiers chargés de ces délicates fonctions devront apporter d'autant plus de soin à rester strictement dans les limites fixées par la loi, que chacun d'eux est appelé à former à lui seul le tribunal, et que ses jugements (formule 27), exécutoires sur minutes, ne sont susceptibles d'aucun recours.

Ils auront à se conformer avec soin aux prescriptions concernant les troupes alliées qui ne cessent jamais, quelle que soit la combinaison des forces militaires qui pourraient agir ensemble, de relever de leurs chefs respectifs et d'appartenir à leurs juges nationaux.

Il s'ensuit que toute arrestation qui serait faite de militaires alliés, comme auteurs ou complices d'actes constituant des contraventions de police, des crimes ou des délits, devraient avoir immédiatement pour résultat l'envoi ou la remise des inculpés à l'autorité de la nation à laquelle ils appartiendraient.

Pour se conformer à ce principe et assurer néanmoins la répression des faits défendus et punis par les lois pénales particulières à chaque nation. les grands prévôts et les prévôts auraient soin de dresser les procès verbaux, d'opérer les saisies nécessaires, de constater l'existence des pièces de conviction et de les réunir ; en un mot, de faire, pour arriver à la découverte de la vérité, tous les actes préliminaires que prescrivent le Code d'instruction criminelle et le Code de justice militaire dans la partie relative à l'action de la police judiciaire. Ces pièces seraient adressées aux autorités compétentes en même temps que la remise des prévenus leur serait faite par la force publique, qui est toujours à la disposition de la prévôté.

Ce qui vient d'être dit au sujet de la complicité simultanée de délits ou de crimes de la part de militaires appartenant aux troupes alliées s'applique à la complicité qui pourrait exister entre des militaires et des habitants. La même disposition s'opérerait alors de plein droit. Le même mode de procéder serait employé, et la prévôté, en remettant à l'autorité locale les informations préliminaires et les délinquants qui appartiendraient à sa juridiction, assurerait la répression d'actes coupables dont l'impunité est toujours dangereuse pour la morale publique.

Il est indispensable d'agir avec tact et prudence pour maintenir la discipline et le bon ordre, afin de ne pas altérer l'harmonie qu'il est du plus haut intérêt de voir régner entre les armées alliées et les habitants.

Les amendes dont le recouvrement sera opéré directement par les grands prévôts et les prévôts devront être versées dans les caisses des agents du Trésor, et le récépissé de versement sera immédiatement transmis au Ministre de la guerre (Bureau de la Justice militaire).

Tous les mois, les grands prévôts et les prévôts enverront les extraits des jugements rendus le mois précédent.

ANNEXE N° 6

*Mode de procéder pour l'établissement et la transmission
des plaintes en conseil de guerre.*

Paris, 9 juin 1870.

Messieurs, il est ressorti de l'examen d'un certain nombre de dossiers
de procédure qui m'ont été communiqués, qu'il n'est pas procédé d'une
manière uniforme pour l'établissement et la transmission des plaintes
en conseil de guerre à l'officier général commandant la division,
lorsqu'un crime ou un délit a été commis par un militaire faisant partie
d'une fraction de corps, dont la portion centrale est stationnée soit
dans une autre subdivision que celle où se trouve la susdite fraction,
soit même dans une fraction différente. Dans ce cas tout particulier, il
est arrivé quelquefois que le commandant du détachement a cru devoir
adresser la plainte à son colonel dont il était momentanément éloigné,
ce qui est préjudiciable à la bonne administration de la justice.

Le droit de porter plainte appartient en principe au chef du corps ;
mais quand le corps vient à être fractionné par suite des exigences du
service, ce droit s'étend au chef du détachement où sert le délinquant,
puisqu'il est tenu, aux termes de l'article 85 du Code de justice
militaire, de faire tous les actes nécessaires à l'effet de constater la
faute commise ; qu'il est, en outre, le mieux à même de recueillir tous
les renseignements propres à faire apprécier la gravité de cette faute
et de rendre un compte exact et circonstancié de l'affaire.

Ce droit est d'ailleurs implicitement établi par l'article 95 du Code
de justice militaire relatif à la désertion et qui est ainsi conçu :

« ..... La plainte est adressée par le chef du corps ou du détachement
auquel le déserteur appartient. »

Toutefois, s'il est régulier que le chef de détachement dénonce lui-
même à l'autorité militaire supérieure les différents crimes ou délits
qui peuvent être commis par les militaires placés sous ses ordres, il
n'en est pas moins de son devoir d'en rendre compte immédiatement
au chef du corps, lequel ne doit rien ignorer de ce qui se passe dans le
régiment dont il a le commandement.

La plainte ne peut être adressée qu'au Général commandant la subdivision où le fait a été commis, et cet officier général, alors même qu'il ne la trouverait pas fondée, doit se borner à la transmettre au Général commandant la Division, en y joignant, avec son avis personnel, les observations qu'il lui paraîtrait à propos de faire. L'autorité divisionnaire y trouvera des éléments précieux pour décider en dernier ressort s'il convient d'ordonner ou de refuser l'information, conformément à l'article 99 du Code de justice militaire.

Je vous prie de vouloir bien donner des instructions dans ce sens.

ANNEXE N° 7

(Toute plainte en Conseil de Guerre devra être accompagnée d'une instruction faite, sur le champ, par les soins des officiers de police judiciaire militaire).

Paris, 29 septembro 1870.

Messieurs, l'agglomération considérable des forces de toute nature appelées à concourir à la défense de Paris, a eu pour conséquence d'augmenter, dans de fortes proportions, le nombre des justiciables des tribunaux militaires.

Deux conseils de guerre et un conseil de revision auraient pu, d'après le code de justice militaire, être établis dans chacune des divisions actives opérant hors de l'enceinte fortifiée ; mais j'ai pensé, d'accord avec M. le Gouverneur de Paris, que le fonctionnement de ces tribunaux aurait eu l'inconvénient de détourner de leur service un grand nombre d'officiers, d'entraver même la liberté de locomotion des troupes, et qu'en dehors de l'action des cours martiales, ainsi que des conseils de guerre de la garde nationale, il était préférable d'adresser toutes les plaintes à M. le Général commandant la 1re division militaire, pour être déférées aux conseils de guerre permanents de cette division.

Cependant, il convient de prévoir une éventualité qui ne tardera pas à se produire. L'envoi à Paris de tous les délinquants y causera de l'encombrement et les rapporteurs auront beaucoup de peine à suffire à l'instruction des affaires si des mesures ne sont pas prises dans le but de faciliter l'accomplissement de leur mission. En effet, l'audition des témoins et leur confrontation avec les accusés nécessitent des déplacements que les circonstances rendent aujourd'hui, non seulement très difficiles, mais encore préjudiciables au service militaire. Il pourrait alors arriver que le jugement de certaines affaires n'aurait lieu qu'après de longs retards, et que des individus échapperaient, en raison des évènements de guerre, au châtiment qu'ils auraient mérité.

Le Code de Justice militaire (articles 101 et 156) donne le moyen d'opérer avec diligence dans les divisions territoriales en état de guerre ; mais comme il importe à la bonne administration de la justice d'entourer l'accusé de toutes les garanties nécessaires, c'est au chef du corps ou du détachement auquel appartient l'inculpé, qu'incombe le devoir de bien établir les bases de l'accusation dirigée contre lui.

Dans ses articles 83 à 87, relatifs à la police judiciaire, le code de justice militaire contient des dispositions nettes et parfaitement pratiques, d'après lesquelles les chefs qui y sont mentionnés ont qualité de rechercher, soit par eux-mêmes, soit par voie de réquisition adressée aux officiers de police judiciaire militaire, la preuve des crimes ou des délits, de recevoir les plaintes, les témoignages, de saisir les pièces à conviction, et de livrer ensuite les coupables à l'autorité chargée d'en poursuivre la répression.

Cette marche devra désormais être suivie avec le plus grand soin. Il ne suffira pas d'adresser au Général commandant la 1re division la plainte formée contre un militaire ; cette plainte devra être l'objet au préalable, *sur les lieux mêmes et pendant que les témoins peuvent être promptement appelés*, de toutes les constatations propres à déterminer la nature, les circonstances et la gravité du crime ou du délit. J'attache une importance réelle à ce que cette instruction soit assez complète pour que le rapporteur n'ait pas à la recommencer. Il importe donc qu'à l'avenir, aucun individu (militaire ou autre), inculpé d'un crime ou d'un délit, ne soit conduit à la place de Paris sans être accompagné de toutes les pièces, tant à charge qu'à décharge, pouvant servir à la manifestation de la vérité.

Veuillez bien donner des ordres dans ce sens et en surveiller la stricte observation.

Je vous adresse ci-joints les imprimés qui vous seront utiles (procès-verbaux d'interrogatoire et d'information). Il vous en sera fourni d'autres sur votre demande quand ils seront épuisés.

ANNEXE N° 8

*Instructions pour l'application aux militaires des dispositions
de la loi du 23 janvier 1873 tendant à réprimer l'ivresse.*

Paris, le 6 mai 1873.

Général, j'ai été consulté sur la question de savoir si la loi du 23 janvier 1873, tendant à réprimer l'ivresse, est applicable à l'Armée.

En droit, la solution affirmative n'est pas douteuse, attendu qu'aux
termes de l'article 271 du Code de justice militaire, les contraventions
de police commises par les militaires, tout en étant laissées à la répression de l'autorité militaire, peuvent être déférées par elle au conseil
de guerre, et que, d'après l'article 267 du même Code, les tribunaux
militaires appliquent les peines portées par les lois pénales ordinaires
à tous les délits non prévus par le susdit Code.

Il importe, en outre, de poursuivre énergiquement dans l'armée le
vice dégradant de l'ivresse, et le mode de répression judiciaire offre un
moyen d'action bien plus efficace que les punitions disciplinaires.

Mais pour que l'application de cette loi soit faite d'une manière uniforme dans toutes les divisions militaires, il m'a paru nécessaire de
fixer la marche à suivre en cette matière.

Je vous prie de remarquer tout d'abord que les punitions disciplinaires n'entraînent en aucun cas de conséquence judiciaire et que tout
jugement prononcé contre un militaire, pour ivresse, constitue, au
contraire, le point de départ pour la récidive, c'est-à-dire pour l'exécution complète de la loi sur l'ivresse : cette loi, dans ses articles 1 et 2,
qui seuls peuvent concerner les hommes appartenant à l'armée, détermine ainsi qu'il suit le mode de répression des fautes d'ivresse :

CONTRAVENTIONS.

1re faute d'ivresse.	Tribunal de simple police. Amende de 1 à 5 francs.
2e faute (1re récidive) (dans le délai de 12 mois après la 1re condamnation).	Idem.

DÉLITS.

3ᵉ faute (2ᵉ récidive) (dans le délai de 12 mois après la 2ᵉ condamnation).	**Tribunal correctionnel.** Six jours à un mois de prison, avec amende de 16 francs à 300 francs.
4ᵉ faute (3ᵉ récidive) dans le délai de 12 mois après la 3ᵉ condamnation).	**Tribunal correctionnel.** Maximum des peines indiquées pour la 2ᵉ récidive et pouvant être portées jusqu'au double.

CONTRAVENTIONS.

DÉLITS.

L'Article 1ᵉʳ n'édicte pour la 1ʳᵉ contravention et pour la 2ᵉ faute, qui constitue la 1ʳᵉ récidive, qu'une amende de 1 à 5 francs ; mais dans ces deux cas, l'article 195 du Code de justice militaire permet d'atteindre très efficacement les délinquants, attendu que cet article donne aux tribunaux militaires la faculté de remplacer ladite peine d'amende par un emprisonnement de six jours à six mois : seulement l'emprisonnement prononcé dans ces conditions contre le condamné ne devra jamais excéder la durée d'un mois, maximum fixé par l'article 2 de la loi du 23 janvier 1873 en punition de la 3ᵉ faute.

Pour cette 3ᵉ faute, qui constitue la 2ᵉ récidive et qui entraîne l'envoi des civils devant un tribunal correctionnel, les militaires seront encore susceptibles, en vertu du même principe, d'être déférés aux conseils de guerre, qui pourraient alors prononcer un emprisonnement de six jours à un mois, en aggravant cette peine par la substitution de la prison à l'amende (laquelle doit toujours être infligée), sans toutefois dépasser deux mois, pénalité prévue pour la 4ᵉ faute et 3ᵉ récidive.

Enfin en ce qui touche cette 4ᵉ faute, l'emprisonnement en remplacement de l'amende pourrait aller jusqu'à six mois, en vertu de l'article 195 précité du Code de justice militaire. . . . .

ANNEXE N° 9

Au sujet de l'application des dispositions de l'article 463 du Code Pénal.

Versailles, 16 novembre 1873.

Mon cher Général,

Un décret du 27 novembre 1870, rendu par la délégation de Tours, a abrogé les trois derniers paragraphes de l'article 463, et rétabli les anciennes dispositions de cet article sous l'empire de la loi de 1810.

Ce décret est ainsi conçu :

« Dans tous les cas où la peine de l'emprisonnement et celle de l'amende sont prononcées par le Code pénal, si les circonstances paraissent atténuantes, les tribunaux correctionnels sont autorisés, même en cas de récidive, à réduire l'emprisonnement même au-dessous de six jours et l'amende même au-dessous de seize francs ; ils pourront aussi prononcer séparément l'une ou l'autre de ces peines et même substituer l'amende à l'emprisonnement sans qu'en aucun cas elle puisse être au-dessous des peines de simple police. »

La vérification des jugements rendus par les tribunaux militaires a donné lieu de remarquer que certains conseils de guerre, lorsqu'ils ont à faire application de l'article 463, se conforment au décret précité du 27 novembre 1870, tandis que les autres continuent à viser les dispositions de la loi du 13 mai 1863.

M. le Garde des sceaux, que j'ai consulté à ce sujet, m'a fait connaître que, d'après la décision de la commission de l'Assemblée nationale chargée d'examiner les décrets du Gouvernement de la défense nationale, le décret dont il s'agit doit être considéré comme étant en pleine vigueur.

Je vous prie de porter le contenu de la présente dépêche à la connaissance des parquets militaires de votre division, afin d'assurer l'application uniforme de la loi.

Veuillez bien m'accuser réception de la présente circulaire.

Recevez, etc.....

ANNEXE N° 10

N° 42. *Note ministérielle relative au mode de procéder pour l'établissement et la transmission des plaintes au conseil de guerre, portées contre les militaires appartenant aux corps de troupe et détachements stationnés dans les gouvernements militaires de Paris et de Lyon et faisant partie de corps d'armée voisins. (2ᵉ Direction, Cavalerie), Bureau de la justice militaire et de la Gendarmerie.*

Paris, le 7 février 1879.

Le ministre de la guerre a été consulté sur le mode de procéder pour l'établissement et la transmission des plaintes en conseil de guerre portées contre les militaires appartenant aux corps de troupe et détachements stationnés dans les gouvernements de Paris et de Lyon et faisant partie de corps d'armée voisins.

Aux termes de la loi du 18 mai 1875, portant modification du Code de justice militaire et de la circulaire ministérielle du 23 juin suivant, tout militaire est placé sous la juridiction du général commandant le corps d'armée sur le territoire duquel il se trouve. Les militaires stationnés dans les gouvernements de Paris et de Lyon sont sous la juridiction des gouvernements militaires de Paris et de Lyon.

En conséquence, toute plainte établie contre un militaire, soit par son chef de corps, soit par le chef du détachement auquel il appartient, doit être adressée, dans le plus bref délai possible, au commandant de corps d'armée sous la juridiction duquel se trouve placé ce militaire, par la voie hiérarchique (général de brigade, général de division), *lorsque ces diverses autorités se trouvent sur le territoire de la région*, et, dans le cas contraire, par l'intermédiaire du général investi du commandement territorial (dans les conditions du 3ᵉ paragraphe de l'article 18 de la loi du 13 mars 1875) sur les lieux mêmes où les faits se sont passés, sauf à rendre compte immédiatement à qui de droit de la plainte dont le militaire a été l'objet.

ANNEXE N° 11

---

*Au sujet de l'audition des témoins dans les poursuites relatives
à la désertion et à l'insoumission.*

Paris, 14 octobre 1880.

Mon cher général, des jugements des conseils de guerre rendus contre des déserteurs et des insoumis ont été annulés par des Conseils de revision, pour le motif qu'il n'avait pas été entendu de témoins, ni dans l'Instruction, ni aux débats.

Un arrêt de la cour de Cassation du 2 août 1872 a, en effet, établi en principe que : « le débat oral est une formalité substantielle aussi bien devant un conseil de guerre que devant la cour d'Assises ; qu'en conséquence est nul le jugement de condamnation rendu par un conseil de guerre sur la simple lecture d'une déclaration recueillie dans l'instruction. »

Cependant, il m'a été représenté que la désertion et l'insoumission sont des actes matériellement établis par des pièces administratives ; qu'en pareil cas, la citation d'un témoin ne peut être utile qu'au point de vue d'une constatation d'identité de l'inculpé, constatation difficile lorsqu'il s'agit, par exemple, d'un déserteur arrêté après une longue absence, alors que les militaires qui l'ont connu sont rentrés dans leurs foyers, qu'enfin, la difficulté est la même pour les insoumis qui sont jugés par le conseil de guerre du lieu d'arrestation et non par celui du tirage au sort.

J'ai cru devoir soumettre ces observations à l'appréciation à M. le Garde des sceaux et lui demander si la jurisprudence visée plus haut devait être appliquée d'une manière absolue, même en matière de désertion et d'insoumission.

D'après l'avis de mon collègue, il y a une distinction à établir au point de vue dont il s'agit, entre les affaires criminelles et les affaires correctionnelles.

Dans les premières, la nécessité de ne statuer que sur audition de témoins doit être considérée comme absolue, un conseil de guerre ne pouvant, sur la seule lecture des pièces de l'instruction écrite et sans entendre aucun témoin, procéder légalement au jugement d'un accusé.

Devant les juges militaires, comme devant la cour d'Assises, l'Instruction orale en matière criminelle est une formalité substantielle, et c'est en vue de ce cas spécial, qu'a été rendu l'arrêt précité du 2 août 1872.

En matière correctionnelle, où, sauf les exceptions formulées par la loi, les conseils de Guerre peuvent être assimilés aux tribunaux de droit commun, la procédure est autrement réglée. Aux termes de l'article 189 du Code d'Instruction criminelle, la preuve des délits correctionnels se fait de la manière prescrite aux articles 154, 155 et 156 concernant les contraventions de police, et l'article 154 dit que les contraventions sont prouvées, soit par procès-verbaux ou rapports, soit par témoins à défaut de procès-verbaux et rapports ou à leur appui.

Suivant ces dispositions le débat oral devant les juridictions de simple police ou correctionnelles prend donc, du moins en ce qui concerne l'audition des témoins, un caractère facultatif, et la preuve des contraventions ou délits peut n'être faite, au besoin, que par des procès-verbaux ou rapports.

Quoiqu'il en soit, M. le ministre de la justice pense que le recours au témoignage verbal est plus conforme à l'esprit de notre droit pénal et qu'il serait bon de ne passer outre et de ne juger que sur constatations écrites, même en matière de désertion ou d'insoumission, qu'en cas d'impossibilité de faire entendre des témoins.

Je vous prie de vouloir bien donner des instructions pour qu'on se conforme, à l'avenir, à cette jurisprudence.

ANNEXE N° 12

Observations sur l'administration de la justice militaire.

Paris, 9 décembre 1880.

Mon cher Général, le décret du 18 mai 1880, en étendant le ressort des conseils de revision de Paris et d'Alger, a eu surtout pour but de donner plus d'autorité aux décisions de ces juridictions supérieures des tribunaux militaires et d'assurer l'uniformité de la jurisprudence.

Afin de prévenir, autant que possible, les irrégularités qui donnent lieu le plus souvent à l'annulation des jugements rendus par les Conseils de Guerre, je crois utile de vous rappeler que l'ordre d'informer qui, aux termes de l'article 99 du Code de Justice militaire, constitue le point de départ de la procédure doit toujours mentionner exactement et successivement les faits de nature à motiver les poursuites.

C'est seulement sur les faits délictueux indiqués dans l'ordre d'informer que le rapporteur doit diriger son instruction, et lorsque, au cours de la dite instruction, des charges nouvelles viennent à se produire contre l'inculpé, il y a, pour ce magistrat militaire obligation, à peine de nullité, de provoquer un supplément d'ordre d'informer.

Lorsque l'instruction est terminée, le magistrat instructeur, dans son rapport, et le commissaire du Gouvernement, dans ses conclusions, sont tenus de préciser les crimes ou les délits pour lesquels la mise en jugement est demandée, avec toutes les circonstances constitutives ou aggravantes du fait principal et la citation des articles de la loi pénale applicables.

Si des faits de même nature ont été commis à diverses dates ou au préjudice de personnes différentes, il est indispensable de relever ces chefs d'accusation d'une manière distincte et précise.

L'ordre de mise en jugement prescrit par l'article 109 du dit Code devant être formulé d'après ces conclusions, il devient alors facile au président du Conseil de Guerre de poser aux juges les questions de culpabilité qu'ils auront à résoudre, en évitant, soit le vice de complexité, c'est-à-dire la réunion de plusieurs questions en une seule, soit l'erreur grave de faire statuer le conseil sur des faits qui ne lui ont pas été nettement déférés et au sujet desquels l'accusé n'aurait pas été à même de préparer ses moyens de défense.

Toutefois, il est admis par la jurisprudence que le président peut poser, soit d'office, soit à la demande du défenseur ou du commissaire du gouvernement, les questions subsidiaires résultant des débats, et seulement par suite de la dégénérescence du fait principal ; mais lorsque ce cas se produit, le président doit faire connaître son intention, en séance publique, avant la clôture des débats, afin de mettre le ministère public, l'accusé et la défense à même de présenter, en temps utile, leurs observations.

Une question subsidiaire ne peut jamais être substituée à celle résultant de l'ordre de mise en jugement. Elle doit être ajoutée et posée séparément.

Ces recommandations que je me borne à résumer sont d'ailleurs développées dans les commentaires de MM. Victor Foucher, Pradier-Fodéré, Amédée Le Faure, Vexiau, etc., qui ont été mis à la disposition des parquets militaires.

En matière de désertion et d'insoumission, la diversité des circonstances constitutives de ces délits pouvant devenir une cause d'erreur, il est de toute nécessité de les spécifier dans l'ordre de mise en jugement, de même que dans les questions à poser aux juges, au lieu de se contenter, comme cela se produit souvent, de donner simplement au fait délictueux sa définition légale.

Je vous adresse à cet effet une série de formules qui pourront servir de règle à l'avenir.

Enfin, comme il est nécessaire que les accusés connaissent exactement, avant de comparaître devant le Conseil de guerre, les crimes ou les délits qui leur sont reprochés, la notification prescrite par l'article 109 du Code de justice militaire doit consister dans la remise d'une copie textuelle de l'ordre de mise en jugement et de la liste des témoins que le commissaire du gouvernement se propose de citer :

Lorsque plusieurs individus sont accusés dans une même affaire, la dite copie doit être délivrée à chacun séparément.

Je vous prie de donner connaissance de la présente circulaire à MM. les présidents des Conseils de Guerre et aux membres des parquets militaires.

Je vous prie également d'inviter MM. les Commissaires du gouvernement à m'adresser, par votre intermédiaire, les extraits des jugements et des décisions rendus par les Conseils de guerre et de revision, ainsi que les rapports mensuels sur l'administration de la justice, afin que vous puissiez consigner votre avis, lorsque vous le jugerez utile, sur les observations qui me seraient soumises.

Signé : FABRE.

ANNEXE N° 13

Loi tendant à établir des pénalités contre l'espionnage.

Paris, le 18 avril 1886.

Le Sénat et la Chambre des députés ont adopté,

Le Président de la République promulgue la loi dont la teneur suit :

ART. 1ᵉʳ. — Sera puni d'un emprisonnement de deux ans à cinq ans et d'une amende de mille à cinq mille francs :

1° Tout fonctionnaire public, agent ou préposé du gouvernement qui aura livré ou communiqué à une personne non qualifiée pour en prendre connaissance, ou qui aura divulgué en tout ou en partie les plans, écrits ou documents secrets intéressant la défense du territoire ou la sûreté extérieure de l'État, qui lui étaient confiés ou dont il avait connaissance à raison de ses fonctions.

La révocation s'ensuivra de plein droit.

2° Tout individu qui aura livré ou communiqué à une personne non qualifiée pour en prendre connaissance, ou qui aura divulgué en tout ou en partie les plans, écrits ou documents ci-dessus énoncés qui lui ont été confiés ou dont il aura eu connaissance soit officiellement, soit à raison de son état, de sa profession, ou d'une mission dont il aura été chargé ;

3° Toute personne qui, se trouvant dans l'un des cas prévus dans les deux paragraphes précédents, aura communiqué ou divulgué des renseignements tirés desdits plans, écrits ou documents.

ART. 2. — Toute personne, autre que celles énoncées dans l'article précédent, qui s'étant procuré lesdits plans, écrits ou documents, les aura livrés ou communiqués en tout ou en partie à d'autres personnes ou qui, en ayant eu connaissance, aura communiqué ou divulgué des renseignements qui y étaient contenus, sera punie d'un emprisonnement de un à cinq ans et d'une amende de cinq cents à trois mille francs.

La publication ou la reproduction de ces plans, écrits ou documents, sera punie de la même peine.

ART. 3. — La peine d'un emprisonnement de six mois à trois ans et d'une amende de trois cents francs à trois mille francs sera appliquée à toute personne qui, sans qualité pour en prendre connaissance, se sera procuré lesdits plans, écrits ou documents.

Art. 4. — Celui qui, par négligence ou par inobservation des règlements, aura laissé soustraire, enlever ou détruire les plans, écrits ou
documents secrets qui lui étaient confiés, à raison de ses fonctions, de
son état ou de sa profession, ou d'une mission dont il était chargé, sera
puni d'un emprisonnement de trois mois à deux ans et d'une amende
de cent à deux mille francs.

Art. 5. — Sera puni d'un emprisonnement de un à cinq ans et d'une
amende de mille à cinq mille francs :

1° Toute personne qui, à l'aide d'un déguisement ou d'un faux nom
ou en dissimulant sa qualité, sa profession ou sa nationalité, se sera
introduite dans une place forte, un poste, un navire de l'État ou dans
un établissement militaire ou maritime ;

2° Toute personne qui, déguisée ou sous un faux nom, ou en dissimulant sa qualité, sa profession ou sa nationalité, aura levé des plans,
reconnu des voies de communication ou recueilli des renseignements
intéressant la défense du territoire ou la sûreté extérieure de l'État.

Art. 6. — Celui qui, sans autorisation de l'autorité militaire ou maritime, aura exécuté des levés ou opérations de topographie dans un rayon
d'un myriamètre autour d'une place forte, d'un poste ou d'un établissement militaire ou maritime, à partir des ouvrages avancés, sera puni
d'un emprisonnement de un mois à un an et d'une amende de cent à
mille francs.

Art. 7. — La peine d'un emprisonnement de six jours à six mois et
d'une amende de seize à cent francs sera appliquée à celui qui, pour
reconnaître un ouvrage de défense, aura franchi les barrières, palissa-
des ou autres clôtures établies sur le terrain militaire, ou qui aura
escaladé les revêtements et les talus de fortifications.

Art. 8. — Toute tentative de l'un des délits prévus par les articles 1,
2, 3 et 5 de la présente loi sera considérée comme le délit lui-même.

Art. 9. — Sera puni comme complice toute personne qui, connaissant
les intentions des auteurs des délits prévus par la présente loi, leur
fourni logement, lieu de retraite ou de réunion, ou qui aura sciemment
recelé les objets et instruments ayant servi ou devant servir à commettre ces délits.

Art. 10. — Sera exempt de la peine qu'il aurait personnellement
encourue le coupable qui, avant la consommation de l'un des délits
prévus par la présente loi ou avant toute poursuite commencée en aura
donné connaissance aux autorités administratives ou de police judiciaire,
ou qui même après les poursuites commencées, aura procuré l'arrestation des coupables ou de quelques-uns d'entre eux.

Art. 11. — La poursuite de tous les délits prévus par la présente loi, aura lieu devant le tribunal correctionnel et suivant les règles édictées par le Code d'instruction criminelle. Toutefois les militaires, marins ou assimilés, demeureront soumis aux juridictions spéciales dont ils relèvent, conformément aux Codes de justice militaire des armées de terre et de mer.

Art. 12. — Indépendamment des peines édictées par la présente loi, le tribunal pourra prononcer pour une durée de cinq ans au moins, et de dix ans au plus, l'interdiction de tout ou partie des droits civiques, civils et de famille énoncés en l'article 42 du Code pénal ainsi que l'interdiction de séjour prévue par l'article 19 de la loi du 28 mai 1885.

Art. 13. — L'article 463 du Code pénal est applicable aux délits prévus par la présente loi.

La présente loi, délibérée et adoptée par le Sénat et par la Chambre des députés, sera exécutée comme loi de l'État.

Fait à Paris, le 18 avril 1886.

ANNEXE N° 14

N° 28. Note ministérielle relative au mode de transmission des plaintes en conseil de guerre contre les infirmiers militaires.

Paris, le 21 janvier 1890.

Par suite de la loi du 1ᵉʳ juillet 1889, qui a complété l'autonomie du service de santé militaire, les dispositions de la note ministérielle du 3 juillet 1881 sont abrogées et remplacées par les suivantes :

Les plaintes en conseil de guerre contre les infirmiers militaires établies par l'officier d'administration commandant la section ou le détachement d'infirmiers auquel appartient l'inculpé doivent être, dorénavant, adressées au médecin-chef de l'hôpital dont relève la section ou le détachement.

Le médecin-chef transmet ensuite la plainte, par la voie hiérarchique, à l'autorité militaire supérieure chargée de statuer, en vertu des articles 99 et 108 du code de justice militaire.

Lorsqu'un fait délictueux a été commis dans l'intérieur de l'établissement, la plainte peut être dressée sur l'ordre du médecin-chef, qui a les pouvoirs nécessaires pour faire constater les crimes et les délits, suivant les prescriptions de l'article 85 du code de justice militaire.

ANNEXE N° 15

Extrait de la loi du 15 juillet 1889 sur le recrutement de l'armée.

Art. 52. Sous les drapeaux, les hommes de la réserve et de l'armée territoriale sont soumis à toutes les obligations imposées aux militaires de l'armée active par les lois et règlements en vigueur.

Ils sont justiciables des tribunaux militaires, en temps de paix comme en temps de guerre :

1° En cas de mobilisation, à partir du jour de leur appel à l'activité jusqu'à celui où ils sont renvoyés dans leurs foyers ;

2° Hors le cas de mobilisation, lorsqu'ils sont convoqués pour des manœuvres, exercices ou revues, depuis l'instant de leur réunion en détachement pour rejoindre, ou de leur arrivée à destination s'ils rejoignent isolément, jusqu'au jour où ils sont renvoyés dans leurs foyers ;

3° Lorsqu'ils sont placés dans les hôpitaux militaires ou dans les salles des hôpitaux civils affectées aux militaires, et lorsqu'ils voyagent comme militaires sous la conduite de la force publique, qu'ils se trouvent détenus dans les établissements, prisons et pénitenciers militaires ou qu'ils subissent dans un corps de troupe une peine disciplinaire.

Toutefois, des circonstances atténuantes pourront être accordées, alors même que le Code de justice militaire n'en prévoit pas, aux hommes qui, n'ayant pas trois mois de présence sous les drapeaux, se trouveront dans l'une des positions indiquées aux paragraphes 2 et 3 ci-dessus.

Art. 53. Lorsque les hommes de la réserve et de l'armée territoriale, même non présents sous les drapeaux, sont revêtus d'effets d'uniforme, ils doivent à tout supérieur hiérarchique en uniforme les marques extérieures de respect prescrites par les règlements militaires et sont considérés, sous tous les rapports, comme des militaires en congé.

Art. 54. Le seul fait, pour les hommes inscrits sur le registre matricule prévu à l'article 36 ci-dessus, de se trouver revêtus d'effets d'uniforme dans un rassemblement tumultueux et contraire à l'ordre public, et d'y demeurer contrairement aux ordres des agents de l'autorité ou de la force publique, les rend passibles des peines édictées à l'article 223 du Code de justice militaire.

Art. 57. Les hommes de la réserve de l'armée active, de l'armée territoriale ou de sa réserve sont justiciables des tribunaux militaires, en temps de paix comme en temps de guerre, pour les crimes ou délits prévus et punis par les articles du Code de justice militaire énumérés dans le tableau D annexé à la présente loi, lorsqu'après avoir été appelés sous les drapeaux ils ont été renvoyés dans leurs foyers.

L'application de ces articles est faite aux inculpés sous la réserve des dispositions spéciales indiquées audit tableau.

Toutefois, les hommes appartenant à l'armée territoriale ou à la réserve de cette armée ne sont plus justiciables des tribunaux militaires, en temps de paix, pour les crimes et délits prévus par les deux paragraphes précédents, lorsqu'ils ont été renvoyés dans leurs foyers depuis plus de six mois, à moins que, au moment où les faits incriminés ont été commis, les délinquants fussent revêtus d'effets d'uniforme.

TITRE V.
Dispositions pénales.

Art. 69. Toutes fraudes ou manœuvres par suite desquelles un jeune homme a été omis sur les tableaux de recensement sont déférées aux tribunaux ordinaires et punies d'un emprisonnement d'un mois à un an.

Sont déférés aux mêmes tribunaux et punis de la même peine :

1° Les jeunes gens appelés qui, par suite d'un concert frauduleux, se sont abstenus de comparaître devant le conseil de revision ;

2° Les jeunes gens qui, à l'aide de fraudes ou manœuvres, se font exempter ou dispenser par un conseil de revision, sans préjudice de peines plus graves en cas de faux.

Les auteurs ou complices sont punis des mêmes peines.

Si le jeune homme omis a été condamné comme auteur ou complice de fraudes ou manœuvres, les dispositions des articles 15 et 17 de la présente loi lui sont appliquées lors des premières opérations de recensement qui ont lieu après l'expiration de sa peine.

Le jeune homme indûment exempté ou indûment dispensé est rétabli en tête de la première partie de la classe appelée, après qu'il a été reconnu que l'exemption ou la dispense avait été indûment accordée.

Art. 70. Tout homme prévenu de s'être rendu impropre au service militaire, soit temporairement, soit d'une manière permanente, dans le but de se soustraire aux obligations imposées par la présente loi, est déféré aux tribunaux, soit sur la demande des conseils de revision, soit d'office. S'il est reconnu coupable, il est puni d'un emprisonnement d'un mois à un an.

Sont également déférés aux tribunaux et punis de la même peine, les jeunes gens qui, dans l'intervalle de la clôture de la liste cantonale à leur mise en activité, se sont rendus coupables du même délit.

A l'expiration de leur peine, les uns et les autres sont mis à la disposition du Ministre de la Guerre pour tout le temps du service militaire qu'ils doivent à l'Etat et sont envoyés dans une compagnie de discipline.

La peine portée au présent article est prononcée contre les complices.

Si les complices sont des médecins, des officiers de santé ou des pharmaciens, la durée de l'emprisonnement est pour eux de deux mois à deux ans, indépendamment d'une amende de deux cents francs à mille francs, qui peut être ainsi prononcée, et sans préjudice de peines plus graves dans les cas prévus par le Code pénal.

Art. 71. Les médecins militaires ou civils qui, appelés au conseil de revision à l'effet de donner leur avis conformément aux articles 18, 19, 20 et 27 de la présente loi, ont reçu des dons ou agréé des promesses pour être favorables aux jeunes gens qu'ils doivent examiner, sont punis d'un emprisonnement de deux mois à deux ans.

Cette peine leur est appliquée, soit qu'au moment des dons ou promesses ils aient déjà été désignés pour assister au conseil de revision, soit que les dons ou promesses aient été agréés en prévision des fonctions qu'ils auraient à y remplir.

Il leur est défendu, sous la même peine, de rien recevoir, même pour une exemption ou dispense justement prononcée.

Ceux qui leur ont fait des dons ou promesses sont punis de la même peine.

Art. 72. Tout fonctionnaire ou officier public, civil ou militaire qui, sous quelque prétexte que ce soit, a autorisé ou admis des exclusions, exemptions ou dispenses autres que celles déterminées par la présente loi, ou qui aura donné arbitrairement, une extension quelconque, soit à la durée, soit aux règles ou conditions des appels, des engagements ou des rengagements, sera coupable d'abus d'autorité et puni des peines portées dans l'article 185 du Code pénal, sans préjudice de peines plus graves prononcées par ce Code dans les autres cas qu'il a prévus.

Art. 73. Tout jeune soldat appelé, au domicile duquel un ordre de route a été régulièrement notifié, et qui n'est pas arrivé à sa destination au jour fixé par cet ordre, est, après un délai d'un mois en temps de paix et de deux jours en temps de guerre, et hors le cas de force majeure, puni, comme insoumis, d'un emprisonnement d'un mois à un an en temps de paix et de deux à cinq ans en temps de guerre. Dans ce dernier cas, à l'expiration de sa peine, il est envoyé dans une compagnie de discipline.

En temps de guerre, les noms des insoumis sont affichés dans toutes les communes du canton de leur domicile ; ils restent affichés pendant toute la durée de la guerre. Le condamné pour insoumission ou désertion en temps de guerre sera, en outre, privé de ses droits électoraux.

Ces dispositions sont applicables à tout engagé volontaire qui, sans motifs légitimes, n'est pas arrivé à sa destination dans le délai fixé par sa feuille de route.

En cas d'absence du domicile, l'ordre de route est notifié au maire de la commune dans laquelle l'appelé a été porté sur la liste de recensement.

A l'égard des appelés, le délai d'un mois sera porté :

1° A deux mois, s'ils demeurent en Algérie, en Tunisie ou en Europe ;

2° A six mois, s'ils demeurent dans tout autre pays.

En temps de guerre ou en cas de mobilisation par voie d'affiches et de publications sur la voie publique, les délais ci-dessus seront diminués de moitié.

L'insoumis est jugé par le conseil de guerre de la région de corps d'armée dans laquelle il est arrêté.

Le temps pendant lequel l'engagé volontaire ou le jeune soldat appelé aura été insoumis ne compte pas dans les années de service exigées.

La prescription contre l'action publique résultant de l'insoumission ne commence à courir que du jour où l'insoumis a atteint l'âge de 50 ans.

Art. 74. Quiconque est reconnu coupable d'avoir sciemment recélé ou pris à son service un insoumis est puni d'un emprisonnement qui ne peut excéder six mois. Selon les circonstances, la peine peut être réduite à une amende de 50 à 500 francs.

Quiconque est convaincu d'avoir favorisé l'évasion d'un insoumis est puni d'un emprisonnement d'un mois à un an.

La même peine est prononcée contre ceux qui, par des manœuvres coupables, ont empêché ou retardé le départ des jeunes soldats.

Si le délit a été commis à l'aide d'un attroupement, la peine sera double.

Si le délinquant est fonctionnaire public, employé du gouvernement ou ministre d'un culte salarié par l'Etat, la peine peut être portée jusqu'à deux années d'emprisonnement, et il est, en outre, condamné à une amende qui ne pourrait excéder 2,000 francs.

ART. 75. En temps de paix, les militaires en congé rappelés sous les drapeaux, les hommes de la réserve et ceux de l'armée territoriale convoqués pour des manœuvres ou des exercices ou appartenant à des classes rappelées par décret, qui ne seront pas rendus le jour fixe au lieu indiqué par les ordres d'appel ou affiches, seront passibles d'une punition disciplinaire.

En cas de récidive, les pénalités de l'article 73 ci-desssus, concernant l'insoumission des jeunes soldats appelés, seront applicables aux hommes désignés au paragraphe précédent.

En cas de mobilisation, les hommes appelés sont déclarés insoumis s'ils n'ont pas rejoint dans le délai de deux jours, sauf dans le cas prévu à l'article 56 de la présente loi.

Tout homme qui n'a pas rejoint au jour indiqué pour des manœuvres ou exercices peut être astreint par l'autorité militaire à faire ou à compléter dans un corps de troupe le temps de service pour lequel il était appelé.

ART. 76. Les hommes liés au service dans les conditions mentionnées à l'article 30 ci-dessus qui n'ont pas fait les déclarations prescrites audit article, sont déférés aux tribunaux ordinaires et punis d'une amende de 10 fr. à 200 fr. Ils peuvent, en outre, être condamnés à un emprisonnement de quinze jours à trois mois.

En temps de guerre, la peine est double.

ART. 77. Les peines prononcées par les articles 71, 72 et 74 de la présente loi sont applicables aux tentatives des délits prévus par ces articles.

ART. 78. Dans tous les cas non prévus par les dispositions précédentes, les tribunaux civils et militaires appliqueront les lois pénales ordinaires aux délits auxquels pourra donner lieu l'exécution du mode de recrutement déterminé par la présente loi.

Lorsque la peine de l'emprisonnement est prononcée par la présente loi, les juges peuvent, sauf dans les cas prévus par les articles 73 et 75 ci-dessus, user de la faculté exprimée par l'article 463 du Code pénal.

ART. 79. Les crimes et délits prévus à l'article 57 ci-dessus, et énumérés dans le tableau D annexé à la présente loi, sont punis des peines portées par les articles visés dans ce tableau ; il pourra toutefois être accordé des circonstances atténuantes, alors même que le Code de justice militaire ne les prévoit pas, aux hommes ayant moins de trois mois de présence sous les drapeaux.

En temps de guerre, aucune circonstance atténuante n'est admise.

Art. 80. Lorsque, par application de la faculté accordée par les articles 52 et 79 de la présente loi, les tribunaux militaires auront admis des circonstances atténuantes en faveur des inculpés de crimes ou délits pour lesquels le Code de justice militaire ne les prévoit pas, les peines prononcées par ce Code seront modifiées ainsi qu'il suit :

Si la peine prononcée par la loi est celle de la mort, le conseil de guerre appliquera la peine des travaux forcés à perpétuité ou celle des travaux forcés à temps, sauf dans les cas prévus par les articles 209, 210, 211, 213, 217, 218, 220, 222, 223, 226, 227 et 228 du Code de justice militaire où la peine appliquée sera celle de la détention. Dans le cas de l'article 221 dudit Code, la peine appliquée sera celle des travaux forcés à perpétuité, des travaux forcés à temps, ou de la détention suivant les circonstances.

Si la peine est celle des travaux forcés à perpétuité, le conseil de guerre appliquera la peine des travaux forcés à temps ou celle de la réclusion.

Si la peine est celle des travaux forcés à temps, le conseil de guerre appliquera la peine de la réclusion ou celle de la dégradation militaire avec emprisonnement de deux à cinq ans.

Si la peine est celle de la détention ou de la réclusion, le conseil de guerre appliquera la peine de la dégradation militaire avec emprisonnement d'un à cinq ans.

Toutefois, si la peine prononcée par la loi est le maximum d'une peine afflictive, le conseil de guerre pourra toujours appliquer le minimum de cette peine.

Si la peine est celle de la dégradation militaire, le conseil de guerre appliquera un emprisonnement de trois mois à deux ans.

Si la peine est celle des travaux publics, le conseil de guerre appliquera un emprisonnement de deux mois à cinq ans.

Dans tous les cas où la peine de l'emprisonnement est prononcée par le Code de justice militaire, le conseil de guerre est autorisé à faire application de l'article 463 du Code pénal, sans toutefois que la peine de l'emprisonnement puisse être remplacée par une amende.

Nonobstant toute réduction de peine par suite de l'admission des circonstances atténuantes, la peine de la destitution sera toujours appliquée par le conseil de guerre dans les cas où elle est prononcée par le Code de justice militaire.

TABLEAU D

Articles du Code de Justice militaire.

(Livre IV, titre II) applicables dans les cas prévus par les articles 57 et 79 de la loi sur le recrutement de l'armée.

ART. 204, 205, 206, 208. — *Trahison, espionnage et embauchage.*

ART. 219. — (§ 1er). — *Violation de consigne.*

ART. 220. — *Violences envers une sentinelle.*

L'article 220 ne sera applicable aux hommes renvoyés dans leurs foyers depuis plus de six mois que s'ils étaient, au moment du fait incriminé, revêtus d'effets d'uniforme.

ART. 223 et 224. — *Voies de fait et outrages envers un supérieur.*

Pour l'application du premier paragraphe de chacun de ces articles, le fait incriminé ne sera considéré comme ayant eu lieu à l'occasion du service que s'il est le résultat d'une vengeance contre un acte d'autorité, légalement exercé.

Le 2e paragraphe de ces mêmes articles ne sera applicable que dans les cas où le supérieur et l'inférieur seraient l'un et l'autre revêtus d'effets d'uniforme.

ART. 225. — *Rébellion.*

Cet article n'est applicable qu'aux hommes revêtus d'effets d'uniforme et, en outre, dans les cas prévus par l'article 77 du Code de justice militaire.

ART. 226, 228, 229. — *Abus d'autorité.*

Pour l'application de l'article 229, il est nécessaire que le supérieur et l'inférieur soient l'un et l'autre revêtus d'effets d'uniforme.

ART. 242. — (§ 1ᵉʳ). — *Provocation à la désertion.*

ART. 248. — *Vol.*

L'avant-dernier paragraphe de cet article n'est applicable que si le délinquant était logé militairement dans la maison où il a commis le vol.

ART. 249. — *Blessures faites à un blessé pour le dépouiller.*

ART. 250, 251, 252, 253, 254, 255. — *Pillage, destruction, dévastation d'édifices.*

ART. 258. — *Meurtre chez l'habitant.*

Cet article est applicable sous la réserve indiquée ci-dessus pour l'article 248.

ART. 266. — *Port illégal d'insignes.*

Cet article n'est applicable qu'en cas de port illégal, soit d'effets d'uniforme militaire, soit d'insignes, décorations ou médailles sur des effets d'uniforme militaire.

ANNEXE N°. 16

Au sujet des soldats permissionnaires de 24 heures qui se rendent
coupables d'un crime ou d'un délit.

Vu l'article 57 du code militaire, ensemble les décrets des 1er mars 1890, portant règlement sur la concession des congés et permissions, et 20 octobre 1892, portant règlement sur le service intérieur des troupes d'infanterie, et la note ministérielle du 27 décembre 1890, relative à la position des sous-officiers, caporaux et soldats qui ont obtenu une permission de vingt-quatre heures ;

Attendu qu'aux termes de l'article 57 du code précité, les militaires en congé ou en permission ne sont justiciables des conseils de guerre des circonscriptions territoriales, en temps de paix, que pour les crimes et délits prévus par le titre II du livre IV ;

Attendu que le décret du 1er mars 1890 donne pouvoir aux chefs de corps et de service (article 18) d'accorder des permissions ;

Attendu que le décret du 20 octobre 1892 définit d'une façon claire et précise ce qu'on doit entendre par exemptions et permissions ; que les articles 293 et suivants qui traitent des autorisations de s'absenter d'un ou plusieurs exercices, de découcher, sont définies exemptions ; que d'après l'article 296 les autorisations de s'absenter de la garnison sont des permissions, lesquelles ne donnent pas droit à la solde proprement dite ;

Attendu que des rapprochements de l'article 57 et des décrets précités, il ne peut être fait aucune distinction pour la durée de la permission.

Que le soldat qui s'absente de son corps ou détachement en vertu d'une permission écrite de son chef de corps ou de service, fut-elle de vingt-quatre heures, est un permissionnaire dans le sens légal ; que dès lors, les dispositions des articles 57 et 231, paragraphe 2, du code militaire, lui sont applicables ;

Que toute interprétation contraire blesse la logique, le droit et la loi ;

Qu'on objecterait vainement que l'homme qui a obtenu une permission de vingt-quatre heures ne fait pas mutation et est conséquemment présent ;

Attendu en effet que dans la note ministérielle du 27 décembre 1890, relative aux permissionnaires de vingt-quatre heures, il est dit que si les hommes ne sont pas portés en mutation, c'est dans le seul but qu'il y ait concordance entre les différentes prestations, qu'ils n'ont pas droit à la solde proprement dite, qui doit être portée en diminution sur la feuille de prêt ;

Que ces prescriptions purement administratives prouvent que la présence est fictive et affirment implicitement les conséquences légales de l'article 57 du code militaire ;

Attendu, en fait, qu'il est constant et non dénié que Médy, soldat à la 5e section de secrétaires d'État-Major et de Recrutement, en garnison à Orléans, a obtenu une permission régulière de vingt-quatre heures, pour en jouir à Paris, ainsi que l'atteste la pièce n° 17 jointe au dossier ;

D'où il suit que le conseil de guerre séant à Orléans, en se déclarant compétent pour juger le dit Médy, inculpé de vol au préjudice d'un habitant, commis à Paris, le 22 octobre 1893, alors que ce militaire était en permission régulière de vingt-quatre heures, a commis un excès de pouvoir et violé les règles de la compétence.

(Jugement du conseil de revision de Paris en date du 11 décembre 1893).

ANNEXE N° 17

Circulaire relative à l'application de la loi du 18 mai 1875.

Versailles, le 23 juin 1875.

Messieurs, la loi du 18 mai dernier, portant modification de certains articles du Code de justice militaire, a principalement pour objet :

1° De mettre les tribunaux militaires, en temps de paix, en rapport avec l'organisation générale de l'armée, telle qu'elle résulte des lois du 24 juillet 1873 et 5 janvier 1875 ;

2° D'accorder aux chefs de corps la faculté de déléguer les pouvoirs d'officier de police judiciaire à l'un des officiers sous leurs ordres ;

3° De donner aux Conseils de guerre des armées en campagne une organisation plus simple, des moyens d'action plus prompts, et de rendre aussi rapide que possible, dans certains cas très graves, l'exécution des peines ;

4° Enfin de réduire, en cas de guerre ou de mobilisation, la durée des délais de grâce ou de repentir dont jouissent, en temps ordinaire, les hommes qui commettent les délits d'insoumission ou de désertion.

L'ensemble de ces dispositions ne change, du reste, en rien l'économie du Code de Justice militaire. Ainsi, l'action judiciaire, à l'égard des justiciables des conseils de guerre permanents en France et en Algérie, appartient toujours uniquement au Général commandant le territoire, c'est-à-dire les circonscriptions territoriales formées à l'intérieur, sous le titre de Gouvernement militaire ou Région de corps d'armée, et, en Algérie, sous celui de Division militaire. Il y aura, comme précédemment, un Conseil de guerre au chef-lieu de chacune de ces circonscriptions ; mais le droit du Chef de l'État d'en créer d'autres, lorsque les besoins du service l'exigeront, cesse d'être limité à deux seulement. En outre, une disposition spéciale maintient les tribunaux militaires actuellement existants dans les localités où ils sont installés, afin de laisser à l'autorité militaire le temps d'examiner si, par suite de la nouvelle division du territoire, il convient, soit de réduire ou d'augmenter le nombre de ces tribunaux, soit d'établir leur siège en dehors du chef-lieu, dans d'autres localités plus à proximité des corps de troupes appartenant à la circonscription.

C'est une question à étudier, et je vous prierai de m'adresser ultérieurement, en ce qui vous concerne, un rapport à ce sujet.

Du reste, la loi nouvelle donne le moyen (art. 85) de faciliter l'examen des affaires et d'abréger la durée des détentions préventives, ce qui est très important. En effet, d'après l'ancien art. 85 du Code de justice militaire, les chefs de corps pouvaient faire personnellement les actes nécessaires à l'effet de constater les crimes ou délits, et d'en livrer les auteurs aux tribunaux chargés de les punir ; mais cette obligation d'agir par eux-mêmes, en toute circonstance, pouvait être difficile à remplir. Il leur est permis, désormais, de déléguer à un officier sous leurs ordres le droit de procéder à ces opérations. Toutefois, il importe d'user avec une grande réserve de ce droit de délégation, et ce n'est qu'autant que les chefs de corps ne pourront agir personnellement, qu'il leur sera loisible d'y recourir, en désignant, pour les sous-officiers et soldats, un officier du grade de capitaine au moins, et, pour les officiers, le lieutenant-colonel du régiment ou, à défaut, un officier supérieur.

Il ne suffira donc plus, à l'avenir, d'adresser simplement au Général commandant la circonscription territoriale la plainte formée contre un militaire. *Cette plainte devra être l'objet, au préalable, sur les lieux, de toutes les constatations que peuvent faire, d'après la loi, les officiers de police judiciaire, et, par suite, tous les procès-verbaux ou autres pièces de nature à servir à la manifestation de la vérité devront être transmis à l'autorité militaire chargée de statuer.*

Je vous prie de faire, à ce sujet, les recommandations les plus formelles et de prescrire, en même temps, à MM. les commissaires du gouvernement près les conseils de guerre permanents, de veiller à ce que, tout en observant strictement les formes judiciaires, on active les instructions, afin d'éviter les dépenses en pure perte et les inconvénients qui peuvent résulter d'une prévention trop prolongée.

Les dispositions concernant les conseils de guerre aux armées et dans les places de guerre assiégées ou investies, c'est-à-dire privées de toutes communications avec les conseils de guerre permanents, n'ont pas besoin de commentaires, au moins pour le moment. Le développement donné à l'art. 156 du Code de Justice militaire, concernant la citation directe, sans instruction préalable, a l'avantage de régler d'une manière précise les conditions de la procédure spéciale à suivre dans ce cas particulier.

J'appelle votre attention sur les dispositions du deuxième paragraphe de l'article 230 ayant pour objet de classer dans la catégorie des insoumis les hommes de la disponibilité et de la réserve de l'armée active de l'armée territoriale et de la réserve de cette armée, à quelque catégorie qu'ils appartiennent, qui, ayant déjà servis et étant appelés à l'activité, ne se rendraient pas à leur destination, hors le cas de force majeure, dans le délai fixé.

Ces délais sont pour eux de quinze jours, en cas d'appel par ordre individuel, au lieu d'un mois accordé aux hommes n'ayant pas déjà servi, et de deux jours pour les uns et les autres (y compris les hommes à la disposition de l'autorité militaire), en temps de guerre, ou en cas de mobilisation par voie d'affiches et de publications sur la voie publique.

Il reste maintenant un objet important à prévoir: c'est le fonctionnement de la justice militaire dans les divisions actives en cas de guerre ou de mobilisation, après que l'ordre d'établir les Conseils de guerre a été donné par le Ministre de la Guerre (art. 33). Dans ce but, je désire que des officiers appartenant à chacune de ces divisions, soient constamment et successivement attachés aux parquets des Conseils de guerre permanent de votre circonscription comme substituts du commissaire du Gouvernement et des rapporteurs, afin de pouvoir étudier la loi militaire pendant le temps qu'ils passeront dans les parquets, et acquérir les connaissances nécessaires pour remplir convenablement en campagne les fonctions, qui seront alors réunies, de commissaire du Gouvernement et de rapporteur. Mon intention est d'attacher, en outre, à chaque conseil de guerre, dès que la situation des crédits le permettra, un nombre de commis greffiers titulaires correspondant à celui des divisions actives, et qui devront marcher avec ces divisions, dès que la mobilisation aura été ordonnée.

En attendant, je tiens à ce qu'il soit formé à l'avance, dans chaque greffe des tribunaux militaires, un dépôt de Codes, formules et instructions destinés à chacune des divisions actives. Je vous prie donc de faire établir, dès à présent, la demande de ces documents, afin que je puisse vous les adresser.

Je joins à la présente circulaire   exemplaires de la loi du 18 mai 1875, dont deux pour votre Etat-Major et trois pour chaque parquet et greffe de Conseil de Guerre.

Je vous prie de vouloir bien m'en accuser réception.

ANNEXE N° 18

Au sujet du délit de provocation à l'armée.

Paris, le 8 février 1894.

La loi du 12 décembre 1893 augmente les pénalités prévues par la loi du 29 juillet 1881, sur la presse, qu'encourent les auteurs de provocations adressées, par discours ou par écrits, à des militaires pour les détourner de leurs devoirs.

La loi nouvelle autorise, notamment, l'arrestation préventive des provocateurs, ainsi qu'il résulte du paragraphe 3 de l'art. 49 conçu dans les termes suivants : « Si le prévenu est domicilié en France, il ne pourra « être préventivement arrêté, sauf dans les cas prévus aux art. 23, 24, « paragraphes 1 et 3, et 25, ci-dessus ».

Or, l'art. 25 vise précisément les provocations à l'indiscipline dans l'armée par l'un des moyens prévus à l'art. 23, c'est-à-dire : *discours, cris* ou *menaces,* proférés dans des lieux ou réunions publics ; *écrits, imprimés,* vendus ou distribués, mis en vente ou exposés dans des lieux ou réunions publics ; *placards, affiches,* exposés aux regards du public.

En conséquence, et d'accord avec M. le Garde des Sceaux, Ministre de la Justice, je prescris les mesures suivantes :

Tout individu qui, soit dans les casernes ou autres établissements militaires, soit sur les terrains de manœuvres et autres lieux de réunion d'une troupe en service, sera surpris en flagrant délit de provocation à l'indiscipline par l'un des moyens sus-énoncés, devra être immédiatement appréhendé et remis à la Gendarmerie pour être conduit au Procureur de la République, comme le prescrit l'art. 1er de la Loi du 20 mai 1863.

ANNEXES

TABLE DES MODÈLES

— 228 —

ERRATA

—

Page   19, § 32 :

  Au lieu de : Art. 85 du Code de J. M. ; *lire* : Art. 86 . . . . .

Page   21. § 27 ;

  Au lieu de : Art. 16 du Code de J. M. ; *lire* : Art. 86 . . . . .

Page 123, renvoi (3) ;

  Au lieu de : Bien que l'art. 258 . . . . ; *lire* : Bien que
l'art. 248. . . . . . .

INDEX

—

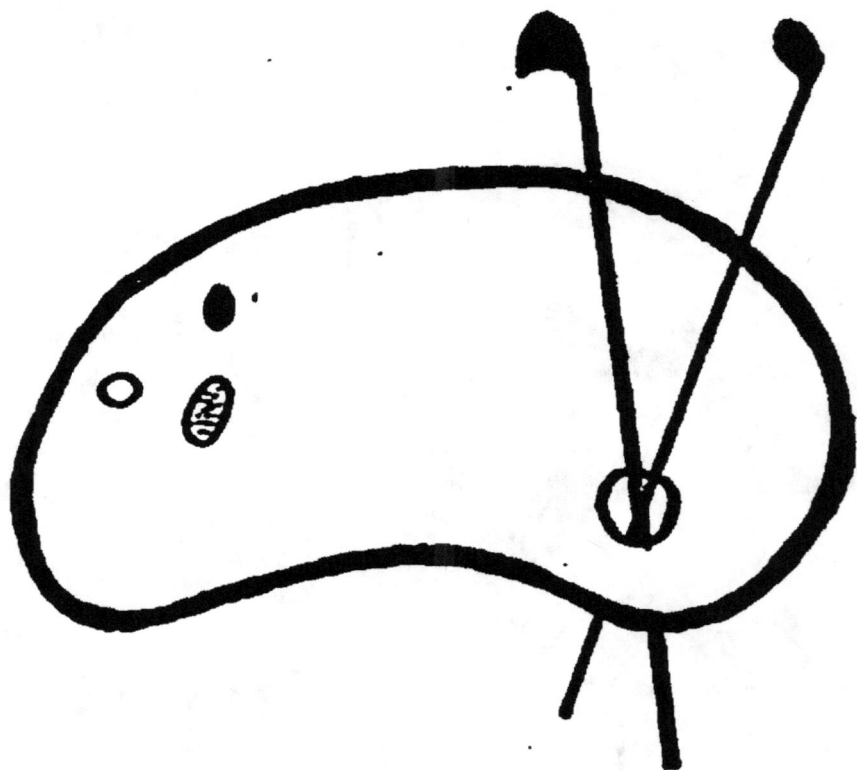

ORIGINAL EN COULEUR
NF Z 43-120-8

www.ingramcontent.com/pod-product-compliance
Lightning Source LLC
Chambersburg PA
CBHW061010280326
41935CB00009B/911